浙江省科技计划重点软科学项目(2010C25071)

生态旅游资源永续利用研究

——以浙江舟山群岛新区为例

任淑华　陈志奎　岑　况　著

海洋出版社

2013年·北京

图书在版编目(CIP)数据

生态旅游资源永续利用研究/任淑华,陈志奎,岑况著.—北京:海洋出版社,2013.3

ISBN 978-7-5027-8516-1

Ⅰ.①生… Ⅱ.①任… ②陈… ③岑… Ⅲ.①生态旅游-旅游资源-资源利用-研究-舟山市 Ⅳ.①F592.755.3

中国版本图书馆CIP数据核字(2013)第048962号

责任编辑:赵 武
责任印制:赵麟苏

海洋出版社 **出版发行**

http://www.oceanpress.com.cn
北京市海淀区大慧寺路8号 邮编:100081
北京旺都印务有限公司印刷 新华书店发行所经销
2013年3月第1版 2013年3月北京第1次印刷
开本:880mm×1230mm 1/32 印张:8
字数:210千字 定价:38.00元
发行部:62132549 邮购部:68038593 总编室:62114335
海洋版图书印、装错误可随时退换

目 录

缩略词

CBA： 成本－效益分析法(Cost Benefit Analysis)
CPI： 消费物价指数(Consumer Price Index)
CS： 消费者剩余(Consumer Surplus)
CV： 补偿变异(Compensating Variation)
CVM： 条件评价法(Contingent Valuation Method)
DR： 贴现率(Discount Rate)
Ed： 需求价格弹性(Price Elasticity of Demand)
EKC： 环境库兹涅茨曲线 Environment Kuznets Curve)
EV： 补偿变异(Equivalent Variation)
GDP： 国内生产总值 Gross Domestic Product)
LGF： 逻辑斯蒂生物增长模型(Logistic Growth Function)
MCS： 马歇尔消费者剩余(Marshallian Consumer Surplus)
MC： 边际成本(Marginal Cost)
MRS： 边际替代率(Marginal Rate of Substitution)
MRT： 边际转换率(Marginal Rate of Transformation)
MSY： 最高持续产量(Maximum Sustainable Yield)
SUW： 城市固态垃圾量(Solid Urban Waste)
TC： 总成本(Total Cost)
TCM： 旅行成本法(Travel Cost Method)
WTA： 最低补偿意愿(Willingness to Accept for Compensation)
WTP： 最大支付意愿(Willingness to Pay)

第1章 绪 论

1.1 问题提出

自20世纪90年代起,世界上很多组织、机构、社会团体和学术界,纷纷提出“旅游业已成为世界最大的产业”。据联合国世界旅游组织(UNWTO)报告(王新胜,2011),2010年国际游客数量与2009年相比增长了6.7%。2010年全年国际旅游人次达到9.35亿人次,同比2009年增长5800万人次;亚洲接待的国际游客数量达到2.04亿人次,同比2009年增长13%。美洲国际游客接待量达到1.51亿人次,同比2009年增长8%;南美地区旅游同比2009年增长10%;俄罗斯、沙特、巴西几国的公民出境旅游消费同比2009年分别增长了26%、28%和52%。

国家统计局发布的对外开放30年成就报告中指出,服务业大发展是改革开放30年来中国产业结构调整最鲜明的特征。统计显示,1979—2007年,中国的国际旅游收入由2.6亿美元增加到419.2亿美元,增长了近160倍。世界排名由1980年的第34位上升至第5位;2007年国内旅游人数和旅游收入分别达到16.1亿人次和7 770.6亿元,同比1990年分别增长4.8倍和44.7倍。中国行业咨询网(2011)报道,2010年我国旅游业三大市场实现了全面恢复且较快增长,国内旅游人数达21亿人次,同比上年增长10.6%;国内旅游收入1.26万亿元,增长23.5%;入境旅游人数1.34亿人次,增长5.8%;入境过夜旅游人数5566万人次,增长9.4%;旅游外汇收入458亿美元,增长15.5%;出境旅游人数

5 739万人次，增长 20.4%；全国旅游业总收入 1.57 万亿元，增长 21.7%。

旅游业的蓬勃发展，显示出了极强的生命力。为满足旅游事业的发展需求，世界各国加大了旅游项目开发与建设力度。与此同时，关注旅游方面的研究也愈来愈多，并取得了丰硕的研究成就。单从成果数量看，关于研究生态旅游资源利用的很少，研究海岛生态旅游资源可持续利用的更少。国内旅游学者更多的是对旅游资源、生态旅游和旅游开发的关注。理论研究较少，定量分析少，海岛特色利用研究少；从海岛旅游应用研究现有成果看，研究方法简单化、模式化，大多采用文献分析法，应用模式近乎雷同：提出某区域海岛旅游的特点或现状——问题分析——特色定位——设计出旅游形象或提出旅游开发对策。这种模式，带有较强的主观色彩，缺乏创新性及可信度，致使旅游产品雷同的主因之一，也是制约海岛旅游应用研究向纵深发展的最大瓶颈之一。

国务院国函〔2011〕77 号文件，正式批准设立浙江舟山群岛新区。舟山群岛新区是继上海浦东新区、天津滨海新区和重庆两江新区后，党中央、国务院决定设立的又一个国家级新区，也是我国首个以海洋经济为主题的国家战略层面的新区。新区的发展目标是，逐步建成中国大宗商品储运中转加工交易中心、东部地区重要的海上开放门户、海洋海岛综合保护开发示范区、重要的现代海洋产业基地、陆海统筹发展先行区。在中央及国务院的顶层设计中，舟山群岛新区将成为长三角经济发展新的增长极。舟山是我国唯一由群岛组成的海上地级城市，背靠上海、杭州、宁波等大中城市群和长江三角洲等辽阔腹地，面向太平洋，具有较强的地缘优势，是长江流域和长江三角洲对外开放的海上门户和通道，与亚太新兴港口城市呈扇形辐射之势。舟山群岛夏无酷暑、冬无严寒、气候宜人，境内大小岛屿星罗棋布；1 390 座岛屿宛如撒落在碧波万顷的东海洋面上的璀璨明珠，构成了“千岛之城”的壮丽景色。那么,如何有效地开发利用海岛生态资源,使有限的、不可再生的、稀缺的海岛生态资源得到可持续的利用,是现在乃至今后值得关注与研究的重大问题之一。

1.2　研究目的和意义

1.2.1　保护海洋开发海洋的需要

21世纪是海洋的世纪,海洋是沿海各国可持续发展的优势、潜力和希望所在。海岛旅游地日趋成为旅游的热土,具有强烈的吸引力。然而工业化、城市化的迅速发展,生活环境的日趋恶化,城市的严重污染,以及旅游业的"掠夺式"开发与利用,旅游地和旅游景点的粗放管理,旅游活动的范围和程度超过了自然环境的承载力。旅游业的和谐、回归大自然、保护生态环境已成为人们的一种追求,为经济效益、社会效益和生态保护协调发展,生态旅游研究迫在眉睫。

1.2.2　浙江舟山群岛新区建设和发展的需要

舟山是我国唯一由群岛组成的海上地级城市,2010年国务院批准广东、山东和浙江三省为全国海洋经济发展试验区,《长江三角洲地区区域规划》,对舟山的定位是"海洋综合开发试验区"。浙江舟山群岛新区写在国家"十二五"规划中,是2011年7月国务院批准的中国首个以海洋经济为主题的国家战略层面的——浙江舟山群岛新区。新区是继上海浦东新区、天津滨海新区和重庆两江新区后的第四个新区。

1.2.3 具有深刻的理论价值和特殊的重大实践意义

浙江舟山群岛新区背靠上海、杭州、宁波等大中城市群和长江三角洲等辽阔腹地，面向太平洋，具有较强的地缘优势，是长江流域和长江三角洲对外开放的海上门户和通道，与亚太新兴港口城市呈扇形辐射之势。群岛夏无酷暑、冬无严寒、气候宜人，境内大小岛屿星罗棋布；1 390 座岛屿宛如撒落在碧波万顷的东海洋面上的璀璨明珠，构成了“千岛之城”的壮丽景色。如何有效地开发利用海岛生态资源，使有限的、不可再生的、稀缺的海岛生态资源得到可持续的利用，是现在乃至今后值得关注与研究的重大问题之一。因此，研究海岛生态旅游有效利用，对于促进海洋经济发展、创新舟山群岛新区开发模式，弥补该领域理论上与实践上的研究不足，不仅具有深刻的理论价值，更具有特殊的和重大的实践意义。

1.3 研究思路及主要内容

本研究在国内外理论与实践研究和舟山群岛新区旅游资源调查及其评价的基础上，研究和突破传统的方法，构建舟山海岛生态旅游环境评价指标体系和计算其评价结果，实现生态景区资源利用的有效评价，提出生态旅游资源的可持续利用的对策策略。本研究共分八章：

第一章，绪论。笔者简要说明本文的研究背景、研究意义、研究内容体系及研究方法，提出本文研究的重点、难点与拟突破的创新点。

第二章，文献综述。本文通过对国内外生态旅游资源利用的研究成果的回顾，阐述国内海岛生态旅游资源可持续利用的研究现状,通过对国内外生态旅游资源利用的研究的述评,提出目前研究的不足和研究的趋势。

第三章,经济评价的基本理论。环境库兹涅茨曲线、逻辑斯蒂生物增长模型、消费者剩余、需求的价格弹性城市固态垃圾统计量污染流量和存量生态环境资源的配置等理论。

第四章,舟山海岛的生态旅游资源。通过对舟山群岛新区的生态旅游资源的调研,得出生态旅游资源利用现状,提出发展生态旅游的优势和开发利用的潜力。为笔者提供了研究的基础依据。

第五章,舟山海岛旅游环境评价。本章通过对海岛环境的理想化建模,结合环境库兹涅茨曲线对舟山地区污染物的人均排放做了量化的分析。选取了活性磷酸盐、无机氮和石油类海域污染物做实证研究。经数据仿真证明了环境模型假设的不同主要影响EKC曲线的峰值。通过实证研究构建模型,计算舟山海域环境污染物的存量和污染物的增量,并计算2009年舟山市定海区和普陀区城市固态垃圾人均日排放量。

第六章,生态旅游资源的评价及其配置。本章针对生态景区的可持续利用特征,构建了指数化的量化建模,选用评价指标的指数化分析、CVM评价、TCM评价、SUW评价等方法对景区的综合治理效果进行评价分析,以求景区环境治理的有效性。本章选取了风景秀丽的普陀山景区作实证研究,将景区的环境指标、旅游业绩收入、治理投入成本等进行指数化的量化,在无量纲的数值基础上进行建模,并作线性回归分析,预测景区旅游总收入、总治理投入、旅游压力指数等。

第七章,生态旅游资源的可持续利用策略。本章根据本文的研究成果中的优势与不足,提出舟山海岛生态旅游可持续利用的对策。

第八章,结论与讨论。本章概括本研究的主要成果、重要观点、创新之处和研究的不足,最后提出思考的问题。

1.4 研究重点与难点

1.4.1 理论研究

研究海岛旅游资源利用相关理论,探讨管理模式,寻求其科学统计规律,为我国海岛旅游产业发展所采用的运行模式,提供理论依据。

1.4.2 实证研究

主要以舟山群岛新区为研究对象,针对生态景区的可持续利用特征,构建了指数化的量化建模,建立评价指标体系,求证景区环境治理的有效性。探讨海岛生态旅游产业发展的环境问题及其发展规律。

1.5 创新之处

1.5.1 构建评价指标体系

本研究尝试了目前国内尚未采用的定性描述和定量分析相结合的分析方法,构建海岛生态旅游评价和承载力的指标体系。

1.5.2 创新研究方法

运用理论模型和基于系统动力学的动态模拟仿真技术,计算舟山海岛普陀山旅游承载力状态。创新研究方法,填补研究空白。

1.5.3　观点上的创新

在对舟山生态旅游资源调查、评价基础上，提出舟山海岛生态旅游资源利用的对策有所创新。

1.6　实际应用价值

(1)在学术刊物上发表论文，为旅游资源的有效利用和推进旅游经济的发展提供理论建设和实践的参考。

(2)最终研究成果——海岛生态旅游资源利用研究，完成博士论文并答辩，接受导师、老师和同学们的指导、检查与帮助。完成浙江省科学研究项目，为政府开发利用旅游资源和旅游业发展战略提供理论与实践依据的参考。

1.7　研究方法

本研究初步拟定，将通过查阅文献与实地调查、归纳与分类、比较分析和专家咨询等方法，结合传统方法与现代信息技术收集本研究的数据信息资料；通过实证研究与理论思辨等方法展开本项目的多视角跨学科的研究。研究的关键，拟选用物元分析理论模型和系统动力学的动态模拟仿真模型等信息分析技术，计算海岛旅游承载力状态。研究的契合点，拟以定性描述和定量分析相结合的分析方法为基础，通过建模与计算机模拟仿真技术，验证海岛旅游的理论研究与实践研究的分析结果，增强研究成果的预测功能、指导性及对旅游产业管理实践的可行性与可操作性。

第2章　文献综述

2.1　国外研究现状

2.1.1　生态旅游涵义

关于旅游研究，最早起源于20世纪30年代中期，英国、法国、爱尔兰等国开始的最初旅游规划(Gravel JP, 1997)。美国学者贺兹特于1965年首次提出“生态旅游”一词。关于“生态旅游”概念是由谁最早提出，目前尚无定论，大多数学者认为是国际自然保护联盟(IUCN)特别顾问、墨西哥专家谢贝洛斯·拉斯喀瑞1983年首次提出。1986年在墨西哥召开的国际环境会议上该概念被正式确认，并得到世界各国重视。谢贝洛斯·拉斯喀瑞(1987)给生态旅游下的定义是：去往相对原始的地区或未被污染的自然区域的旅行活动，其目的是研究、欣赏和品味自然风光、野生动植物及当地文化遗迹；BooE(1991)认为，生态旅游是指去往相对原始的自然区域，以欣赏、研究自然风光和野生动植物为目标，并能为保护区筹集资金，为当地居民创造就业机会，为旅游者提供环境教育，从而有利于自然保护的旅游活动；Ercan Sirakaya, Vinod Sasidharan和Sevil Sonmez(1999)在对以往有关生态旅游定义回顾与评论的基础上，通过对美国282个生态旅游经营者的调查，从供给视角对生态旅游定义为：生态旅游是一种非消耗、教育性、探险性的新型旅游，其目的地是那些自然风景异常优美、文化和历史意义突出，且几乎未受人类干扰破坏的地区，旨在欣赏当地的自然、社会文化历史。

日本生态旅游协会对生态旅游的目的进行了三个方面的归纳：一是提高旅游地居民的生活水平；二是保护旅游地的资源；三是为旅客提供接触旅游地自然和文化的机会。并认为生态旅游要充分利用旅游地的自然、历史和文化资源，减小旅游带来的资源破坏，加强对资源的管理和保全，使资源保护、旅游业和振兴地方经济三个方面的相互融合与协调发展。

日本自然保护协会（NACS - J, 1997）对生态旅游的定义是："提供爱护环境的设施和环境教育，使旅游参加者得以理解、鉴赏自然地域，从而为地域自然及文化的保护，为地域经济做出贡献。"

美国生态旅游的这一定义包括四个方面的内涵：一是对环境最小的影响；二是对自然与文化的最大尊重；三是获取最大的经济利益；四是为旅游者提供最大娱乐满足的生态旅游四条标准。可见，生态旅游首先是作为一种理念，以实现旅游业的可持续发展。其次，生态旅游是作为一种特殊旅游，是整个旅游业的一个重要部分。

世界旅游组织对生态旅游的定义是"自然基础型旅游" Ritchie（2003）认为世界旅游组织（WTO）研究生态旅游领域成果，是其中最全面、最透彻的，经验研究是代表该领域中的里程碑。

2.1.2　生态旅游价值评估研究

Stefan Gossling（1999）运用成本 - 效益分析法（CBA）对热带雨林的生态系统的各种价值（直接使用价值、间接使用价值、非使用价值）和成本（包括机会成本、保护成本、旅游环境危害成本）进行了评估，结果表明生态旅游经济价值超过常规利用（如砍伐、放牧等)的经济价值。

霍特林(1947)给美国公园服务局的一封信中提出旅行成本法(TCM)的基本框架。之后,由 Clawson(1959)、Clawson 和 Knetsch(1966)在论文中做进一步的发展。根据旅行者为了获得环境服务所花费的旅行费用来推断环境价值,进而构建游客对环境的需求曲线并测算环境需求的消费者剩余。

Choong Ki Lee 等人(1998, 1999)以南朝鲜的明州山(Mt. Minju)为案例,运用条件评价法(CVM)的二分选择问卷法(Dichotomous Choice Questionaire)、支付意愿法(WTP)对生态旅游的潜在收益进行了估算。结果显示:基于保护生态环境的生态旅游大大提高了环境资源的利用价值,而其他对生态环境有破坏作用的大规模开发方式将使巨大的生态价值丧失。

Kleber Bladimir Machado(2000)对厄瓜多尔的加拉帕戈斯国家公园的生态旅游经济价值进行评估,进而对生态旅游所基于的环境资源进行估价。结果表明:游客愿意为生态环境保护支付较高的门票,并发现旅游者的社会、经济、人口特征,以及对公园环境质量的认识是决定其付费数量意愿的重要因素。

针对生态系统日益遭受破坏的现象,引入一种新的定量评价计算方法。Walkeretal(2002),通过对城市固态垃圾统计量(SUW: Solid Urban Waste,城市固态垃圾统计量),基于一个给定的模型间接计算出实际的到访人数。从而对旅游景区的受影响程度做出量化评价,并能有效地反映出旅游业的季节特性。

2.1.3 生态旅游规划研究

国外对旅游规划研究起源于20世纪30年代中期的旅游地旅游项目的市场评估和场地设计等研究。50年代旅游规划,从旅游经济效益的出发,研究旅游的发展战略和旅游建设(范业正等,1998)。60、70年代,旅游规划研究得到进一步加强。70年代后期,随着研究的深入,学者们开始系统思考和研究,1977 年 43 个成员国中有 37 个国家有了国家级的旅游总体规划(Gravel JP, 1979)。《综合规划》和《旅游开发规划明细录》的发行(陶犁等,1995),掀起了世界旅游规划的高潮。1979 年 WTO 调查全球范围内的 1619 个区域、地区、国家等旅游规划,形成了第一份全球在制定旅游开发方面的经验报告。

Gunn 在 1979 年、1988 年出版了《旅游规划》1、2 版,表达了旅游规划思想和规划体系(Clare A, 1979, 1988)。《旅游规划:一种集成的和可持续的方法》(Clare A, 1988)、《国家和地区旅游规划》(Edward Inskeep, 1999)、《可持续旅游开发:地方规划师指南》(1993)和《旅游度假区的综合模式》(1992)等著作贡献巨大,使旅游规划内容、方法和程序走向了成熟。西方国家的旅游规划思想至今仍有较强的影响力。

2.1.4　生态旅游开发与保护研究

生态旅游如何合理开发与管理是近年来国外研究比较活跃的一个方面。Vitousek et al(1986)在世界的许多地方,人类活动一方面在开发利用自然资源,另一方面也会使水生、陆地以及大气环境遭受破坏,并致使生物多样性的永久丢失。

B. A. Masberg 和 N. Morales(1999)在案例研究的基础上,运用定量与比较分析法,提出生态旅游开发的 5 个成功因素和 24 个相应策略。Sheryl Ross 和 Geoffrey Wall(1999)提出了一个成功的生态旅游开发的理论框架,认为生态旅游开发必须协调好当地社区、生物多样性(biodiversity)与旅游三者之间的关系,而三者之间关系的协调要靠合理的管理,并提出了一系列的生态旅游管理策略。Lisa M. Campbell(1999)、Mat2thew J. Walpole 和 Harold J. Goodwin(2000)也分别以哥斯达黎加的奥斯申纳(Ostional)和印度尼西亚的科莫多国家公园(Komodo National Park)作为案例,考察当地居民参与生态旅游的开发情况,发现当地居民缺乏资金和旅游技能,开发生态旅游受到限制,而影响了当地生态环境的保护和生态旅游的持续开发和发展。

William J. Trousdale(1999)在监督管理方面,研究了菲律宾长滩岛,认为基于广泛的系统评估的好规划应该同时有改进的监督管理,认为好的监督管理是清楚地描绘地方、区域和国家所扮演的角色,以克服减少旅游发展的负面影响,使得旅游利益的最大化。Mihalic(2000)旅游业能有效地提升地域资源价值,但也会消耗掉不可再生的自然资源,并使环境的质量受到影响。因旅游开发而引致的污染,最终使得优美的风景、天然的水文构造、清洁的水源、清新的空气,以及物种的多样性遭受破坏并失去其原有的魅力。Hillery et al(2001)越是具有丰富的生物和文化上价值的景点,就越受到人们的欢迎,也就更有可能因过多的游客来访而使其遭受破坏,因而减少游客游玩的兴趣。Scheffer et al(2000)生态系统会因人类的活动而发生改变,同样为了适应变化后的生态系统,人类社会也试图调整其生产行为。

Gunderson and Holling(2002)社会系统与自然系统的关系在于强调人类与自然相互作用过程间综合的、系统的观念。在理论上,基于旅游业的社会生态系统的"自适应管理"在于维护景区的复原能力和自我调节能力,教会人们充分利用和管理好旅游资源。随着旅游景区生命周期移向更脆弱的保持阶段时,其脆弱性逐渐增加;随着生命周期移向整改阶段时,其脆弱性逐渐减少。每当景区的复原能力减弱之时,其脆弱性都较高。

I. Petrosillo et al(2006)对于旅游管理来说,潜在的有益表象包括景区水资源的匮乏和停车空间的减少等,在社会生态系统中,对景区生态保护,投资者是重要的因素之一。旅游行业呈现季节性变化,在旅游旺季对脆弱资源的过渡利用和使用,将会对环境造成不利的影响。相比于其他形式的旅游业,自然景观旅游业依赖于环境自身的质量发展。即使是良性发展的生态旅游业也会对环境产生某些影响。为此,正如同其他资源的开发利用一样,旅游业也需要管理和控制。对社会生态旅游系统进行脆弱性评价的重要性体现在:一旦旅游景区变得脆弱之后,其复原能力就会减弱,也不能像以往那样为游客提供服务,致使景区的生命循环中断。

2.1.5　生态旅游环境容量研究

Lapage(1963)首次提出了"旅游环境容量";Lim, Stankey(1971)认为游憩容量是指某一地区在一定时间内维持一定水准给游憩者使用,而不会破坏环境或影响游客体验的开发强度;Wagar游憩环境容量是指一个游憩地区能够长期维持旅游品质的游憩使用量。

O' Reilly(1987)认为旅游环境承载力,一是在旅游地的居民没有感受到旅游对他们产生的负面影响之前,旅游目的地接受旅游的能力;二是从循环理论出发,在旅游地对游客的吸引力降低、游客没有选择替代旅游地之前的游客容量。WTO/UNEP(1992)指出旅游环境承载力是在满足游客高水平体验以及没有对旅游地资源产生影响的情况下的旅游地游客水平。

Wall G, Wright C(1997)对地质地貌、土壤、植被、水体、野生动物、大气等方面作了较为全面的研究,对旅游环境容量及其解决办法提出了一些行之有效的措施。Elio Canestrelli, Paolo Costa(1991)从生态学角度认为旅游环境承载力是指旅游点能承载的游客最大容量;从经济学角度认为旅游环境承载力是指在游客感知质量保持恒定时所能承受的游客最大容量。

Buckley(1999)认为旅游环境承载力主要是生态学概念,旅游目的地的生态系统没有发生变化之前能够容纳的游客数量。

Manning, Lawson(2002)认为环境容量是在对资源和社会没有出现不可接受的情况下,可以容纳的各种类型游客数量。

2.1.6 海岛生态旅游研究

国外海岛生态旅游研究主要关注在旅游经济、社会、环境、管理和可持续旅游等方面。James H. Bater(1997)从海岛经济的可持续发展理念出发,提出在有限的资源和人口巨增压力下,经济平衡发展等问题。在研究评估经济发展策略的生态系统模式中,指出小岛屿经济可持续发展没有现成模式可以效仿,必须因地制宜,根据本岛实际情况而发展。

Jithendran Kokkranika1 等(2003)研究印度洛克沙威群旅游可持续发展问题,在充分调研洛克沙威群岛旅游的结构和发展特色,指出洛克沙威群岛存在地理位置和环境等制约因素影响,要想可持续发展必须将劣势变优势,加强管理,提高人的素质,通过约束人们的行为,使旅游业可持续发展。

Sandy A. Kerr(2005)研究小海岛的可持续发展问题中探索了小岛屿发展与特性,并且在不同的可持续发展的解释下进行考虑,同时结合以实证研究论述了小岛屿的可持续发展问题。

Kirstie Meheux 等(2006)研究西太平洋瓦努阿图岛国认为,自然危险旅游地区的旅游管理者的自然危险感知非常重要,采取必要的措施来减轻自然危险性和旅游管理者对自然危险的心理准备,有助于减少海岛的脆弱性,增强可持续性,提出了自然灾害应对策略、程序、模式等。

Riaz Shareef(2005)对比 20 个小岛屿,发现旅游发展速度与发生经济风险概率成正比。Williams(1992)选择 50 个因子,对美国、英国和土耳其等国 265 个海滨(岛)旅游地进行了评价。Morgan(1999)选择 50 个评价因子,对海滨(岛)质量进行评价。JeromeL. McElroy(1998)分析加勒比海 20 个小岛屿提出管理建议。Kirstie Meheux(2006)以瓦努阿图 Tanna 岛为例,David Johnson(2002)认为海岛可持续旅游应关注生态旅游的发展。

Eva Roth(2000)、Ayres(2000)、Lenzen & Murray(2001)等人提出生态足迹模型在理论和方法上存在有指标选择的偏向性、足迹测度的静态性、计算项目的偏颇性和政策启示的伪真性等缺陷和不足。

申葆嘉(1996) Fedle(1985)对海岸地带旅游需求及人口增长间的矛盾做了研究。Saunder(1985)针对游乐场在土地利用上对水体、鱼类、植被及土壤损坏做了研究。Farrell(1982),Baines(1982),Dahl(1980),deGroot(1983) Wilkinson(1989),McEachern&Towle(1972),Pearce(1980)对在海岛问题上进行的有关热带群岛和珊瑚礁的研究。

Romeri 等(1985)对群岛生态等问题进行研究,提出对策与建议。Clement Darnley(1982)评估了巴巴多斯岛旅游环境,提出旅游业发展对小岛生态系统承载力的影响。Oc. M. Hall(1993)通过建立国际和国家旅游业管理机制来促进南极和亚南极区岛屿的生态旅游发展。Lou Sanson(1994)对新西兰亚南极区岛屿的生态旅游业发展研究,提出了保护和管理措施。

2.2 国内研究现状

从国内期刊中国知识资源总库——CNKI 系列数据库:中国期刊全文数据库、中国博士论文全文数据库、中国优秀硕士论文全文数据库里进行搜索,时间是1980—2010年,检索关键词为旅游资源开发等,共计54 059篇成果,参见表2-1~表2-4。

表 2-1　1980—1999 年度国内旅游研究成果统计　　单位:篇

类别	旅游			海岛旅游		
	总数	期刊	硕博论文	总数	期刊	硕博论文
旅游资源开发	2 306	2 305	1	34	34	–
旅游资源评价	259	259	–	3	3	–
旅游资源保护	556	556	–	4	4	–
旅游资源利用	640	640	–	12	12	–
生态旅游	1 381	1 381	–	10	10	–
休闲旅游	267	267	–	2	2	–
旅游业可持续发展	269	269	–	1	1	–
旅游承载力	23	23	–	–	–	–
生态旅游资源可持续利用	16	16	–	1	1	–

表 2-2　2000—2005 年度国内旅游研究成果统计　　单位:篇

类别	旅游			海岛旅游		
	总数	期刊	硕博论文	总数	期刊	硕博论文
旅游资源开发	5 784	5 604	180	27	26	1
旅游资源评价	579	519	60	–	–	–
旅游资源保护	1 531	1 493	38	5	5	–
旅游资源利用	845	824	21	11	11	–
生态旅游	6 935	6 731	204	25	25	–
休闲旅游	1 139	1 105	34	4	3	1
旅游业可持续发展	1 573	1 489	84	9	9	–
旅游承载力	138	122	16	1	–	1
生态旅游资源可持续利用	134	132	2	1	1	–

表2-3 2006—2010年度国内旅游研究成果统计 单位:篇

类别	旅游			海岛旅游		
	总数	期刊	硕博论文	总数	期刊	硕博论文
旅游资源开发	8 279	7 426	853	66	60	6
旅游资源评价	1 152	872	280	9	8	1
旅游资源保护	1 880	1 683	197	14	14	-
旅游资源利用	964	898	66	13	11	2
生态旅游	10 605	9 899	706	49	45	4
休闲旅游	3 162	2 895	267	27	26	1
旅游业可持续发展	2 831	2 551	280	21	18	3
旅游承载力	310	238	72	5	2	3
生态旅游资源可持续利用	146	129	17	1	1	-

表2-4 国内旅游研究成果数量名次统计

类别	时间段(年)			海岛研究	合计
	1980—1999	2000—2005	2006—2010		
旅游资源开发	2 306	5 784	8 279	127	16 496
旅游资源评价	259	579	1 152	12	2 002
旅游资源保护	556	1531	1 880	23	3 990
旅游资源利用	640	845	964	36	2 485
生态旅游	1 381	6 935	10 605	84	19 005
休闲旅游	267	1 139	3 162	33	4 601
旅游业可持续发展	269	1 573	2 831	31	4 704
旅游承载力	23	138	310	6	477
生态旅游资源可持续利用	16	134	164	3	299
合计	5 717	18 658	29 329	355	54 059

统计结果显示:1980—2010 年间在旅游方面的研究成果共计 54 059 篇。其中,1980—1999 年间研究成果 5 717 篇(含 1 篇硕博论文),占统计总数的 11%;2000—2005 年间研究成果 18 658 篇(含 639 篇硕博论文),占统计总数的 35%;2006—2010 年间研究成果 29 329 篇(含 2 738 篇硕博论文),占统计总数的 54%。从研究成果的数量看,关于旅游资源开发、生态旅游研究这两大热点持续不衰,依次排名在前两位。而关于研究旅游资源评价、旅游承载力和生态旅游资源可持续利用等方面的研究却不太多。从硕博论文的研究看,旅游资源评价研究仅次于旅游资源开发、生态旅游和旅游业可持续发展等热点问题的研究。

关于海岛旅游研究,统计结果显示:1980—2010 年间研究成果共计 355 篇,前 20 年研究成果 67 篇,占 19%;2000—2005 年间研究成果 83(含 3 篇硕博论文)篇,占 23%;2006—2010 年间研究成果 205(含 20 篇硕博论文)篇,占 58%。从数量上看,研究成果中海岛旅游资源开发仍然是居于第一位。前两个阶段海岛旅游资源利用和海岛生态旅游相对研究较多;之后,开始关注海岛休闲旅游的研究。

2.2.1 生态旅游涵义

黄羊山(1995)对生态旅游的界定,提出生态旅游的出现是基于两点原因:其一,人们希望逃离繁忙、喧嚣的工作环境,“回归大自然”,向往“原始”的自然环境;其二,资源与环境的保护要求限制旅游开发,控制游人量。二者的统一便产生了生态旅游。

孙琦(2005)在关于生态旅游内涵的思考中列举了生态旅游的几个典型定义,通过分析指出了生态旅游的标准:旅游对象以自然为基础,以可持续性为原则,以环境教育或自然知识普及为核心内容,生态旅游是一种旅游形式。在此基础上,将生态旅游和其他旅游形式进行了辨析,揭示出生态旅游的真正内涵。

吴楚材,吴章文等(2007)通过对生态旅游概念的研究,分析生态旅游的国内外研究现状,将现有生态旅游概念系统地归纳为5种学说,即“保护中心说”、“居民利益中心说”、“回归自然说”、“负责任说”、“原始荒野说”。在此基础上,作者从生态旅游产生的背景、市场、资源、动机和出游目的等角度,全面阐述了生态旅游的真实内涵,并提出了具有市场可操作性的生态旅游概念。

吴楚材,吴章文等将现有生态旅游定义归纳为 6 种类型,即“保护中心论”、“居民利益论”、“回归自然论”、“负责任论”、“原始荒野论”、“环境资源论”,在进行深入剖析的同时,认定“环境资源论”的科学合理性。

生态旅游是针对旅游业对环境的影响而产生和倡导的一种全新的旅游业。笔者认同生态旅游是常规旅游的一种特殊形式,是一种“复归自然”、“返朴归真”的旅游业,是一项富含高科技的绿色产业,强调对自然景观的利用、强调对自然景观的保护、强调不牺牲环境、强调与自然相和谐、强调当代人与后代人享受平等的自然景观与人文景观的机会,更强调不以牺牲旅游资源为代价,造成后代人不能享有同等旅游资源的机会,要为后代人建设和留有新的人文景观。生态旅游更深刻的内涵,应涵括对旅游者的生态教育,其核心内容是科学普及和精神文明建设,让社会充满生机与活力,让社会充满和谐与甜蜜。

2.2.2　生态旅游价值评估研究

陈金华(2004)提出以创建国家卫生城市为契机,申报国家级湿地自然保护区、建设湿地生态旅游工程、完善湿地生态旅游服务与宣传体系、社区居民参与湿地旅游开发与管理、做好湿地生态旅游的环境影响评价五项沿海湿地生态旅游资源可持续利用的策略。贾慧敏(2009)通过研究旅游资源评价的成果,构建了旅游资源评价多因素、分层次的模糊综合评价的旅游资源评价方法和指标体系，并在旅游资源价值评价领域加以运用。

周志建，李陇堂，胡燕琴，贾淑梅（2010）应用了层次分析法，评价宁夏三关口明长城旅游资源质量，分析开发条件，并提出旅游开发和保护对策。张岳军，侯志强，陈金华（2010）以厦门环城游憩带为研究对象，具体分析了厦门环城游憩带的空间范围和现状，通过运用层次分析法和模糊数学综合评价模型，对旅游资源价值进行了评价，得到各个旅游点的综合得分情况，并进行了等级的划分。陈红（2005）运用 CVM 法评估我国伊春五营森林生态旅游产品的价值。王建军（2006）采用多学科综合分析方法，对生态旅游资源评价与开发规划进行了理论与实证研究，采用 AHP 方法探索性地构建生态旅游资源的评价指标体系。于雯雯（2008）CVM 方法在生态旅游资源价值评估中的应用研究，以北京市植物园为例，采用 CVM 方法对其生态旅游资源的价值进行了评估和相关分析。

马晓峰（2010）对农业旅游土地资源价值评估的探究，通过对传统农业土地资源价值与农业旅游土地资源价值的比较，提出对农业土地资源价值进行评估，应考虑由土地自身因素形成的休闲价值的增值部分。范水生（2010）提出休闲农业旅游与生态系统和环境密切相关，通过将生态资源作为一种资产进行评估，并纳入旅游资源开发的成本－效益体系，避免对资源的无序开发、无偿使用和资源浪费。

2.2.3 生态旅游规划研究

刘忠伟等（2001）从旅游供给、需求双方，研究了生态旅游规划管理的应用。李永东等（2003）基于发展“大旅游”思想，突破单一的旅游景观格局，丰富景区类型、以保护景区资源、开发景区资源为目标的发展战略。

何丽芳（2004）在论湖南生态旅游资源的可持续利用里，论述了湖南生态旅游资源具有奇异、秀美、险峻、独特等四大特点，提出旅游资源可持续利用的三大障碍因素，提出实现资源可持续利用的途径是生态旅游规划应由经济导向型规划转向生态导向型规划，强化生态旅游资源保护的措施，加强生态旅游资源环境的保护。

李经龙，郑淑婧(2005)把旅游规划的核心内容界定为：设计生产出有地方特色的、有市场生命力的旅游产品。旅游规划是一个动态过程，它要求规划人员必须时刻关注市场动向，不断地接受市场反馈，不停地调整规划内容，不时地创新产品。针对旅游生命周期的不同阶段，提出旅游产品开发对策。孔凡斌等(2006)从生态旅游资源的角度，研究自然保护区旅游规划。胡静等(2006)探索生态旅游规划的指导思想，提出了自然意识对生态旅游规划的五点指导原则。

张小利(2007)在大众旅游、生态旅游与可持续发展中，论述了大众旅游、生态旅游与可持续发展的关系，提出实现旅游和旅游业的生态化，应当从旅游者、旅游经营者、政府三个方面着手。王玉兴，宋文静(2007)通过分析兴城生态旅游资源现状，提出生态旅游开发应遵循的原则和战略对策。袁用道等(2007)恩施生态旅游发展战略研究，提出生态旅游含义，恩施生态旅游发展中存在的问题和可持续发展战略。

李涛(2007)在生态旅游规划与景观生态中，分析生态旅游规划的现状，讨论了生态旅游规划和景观生态学及景观生态规划的内容和生态旅游规划的数量分析方法及其景观生态学理论在生态旅游规划中的应用。熊姁等(2008)尝试生态足迹方法在规划环境影响评价中的应用，补充并丰富规划环境影响评价方法。李果，李王峰(2008)提出目前普遍以旅游策划和旅游管理为主体特征的生态旅游规划，并不能有效解决旅游地现存的土地利用失调、基础设施不完善、产业结构不合理、社区活力衰退、生态退化及环境污染等问题。因此，旅游规划领域有必要不断吸收城市规划等学科的理论知识、方法和实践经验,将旅游地规划和旅游策划、管理相结合,治标治本地促进旅游地社会、经济、生态的整体协调发展。

梁振民,朱波(2010)讨论循环经济理论在旅游规划中的环境、经济、社会等方面起到的作用,尝试了循环经济原则在旅游规划中的应用,以重庆市开县新县城为个案。杜春艳(2010)梳理城市旅游规划的发展,提出城市旅游规划发展中存在的问题,探寻城市旅游规划制定的科学方式和对策,为旅游产业的发展奠定宏观的前提。

许娟,霍小平等(2010)论述了旅游生态村发展的要素与原则及空间规划,对城市近郊旅游生态村的产业规划、空间布局规划以及分析乔村实际开发现状、资源条件、区位优势,结合旅游生态村在规划设计方面等存在的不足,提出规划发展新思路。

2.2.4 生态旅游开发保护研究

吴景初(1980)从水生生态平衡谈西湖治理,描述了杭州西湖山水秀丽,景色宜人,是驰名中外的游览胜地;古往今来吸引游人,要保护自然旅游,为社会主义四个现代化做出更大的贡献。汪嘉熙(1985)提出旅游事业发展迅速。国际交往的扩大、国内外旅游人数明显增长,这对我国经济的发展是极为有利的。但也应看到,由于各种因素,在发展旅游事业中已产生了一些必须解决的环境生态问题。杨正荣(1986)在保护、开发利用鸡足山自然生态资源发展旅游事业的探讨中,提出宾川县鸡足山自然风景保护区的生态旅游发展。周世强(2000)分析自然保护区生态旅游的现状,提出了生态旅游开发应重视和加强旅游行为的研究和管理。

梁锦梅(2001)提出旅游开发与管理必须根据生态旅游产品的特点,以旅游者需求为依据,把握地方特色、加强环境保护、规划功能分区、体现环境理念、重视人才培养,有效地维护自然生态系统平衡和保护旅游者利益,达到生态、经济与社会效益的高度统一，保证生态旅游地的可持续发展。

房艳刚(2003)运用旅游资源－市场－产品互动理论、旅游地生命周期理论、旅游区位理论、生态设计理论和有效管理理论等，研究了我国自然保护区生态旅游的开发与管理。任宪友，吴胜军，魏显虎(2006)通过湿地旅游开发可以促进洪湖经济发展和推动湿地保护。完善生态旅游配套服务建设，采取措施提高公众生态旅游意识和旅游商品开发能力，推动洪湖湿地生态旅游健康发展。

于笑云等(2007)从自然保护区生态旅游规划和管理研究两方面，分析了我国自然保护区生态旅游开发与管理研究的现状，提出了加强生态旅游保护与管理的建议。李淑娟等(2010)海岛旅游开发生态风险管理对策与措施研究。分析了海岛旅游资源开发产生的生态风险问题，提出海岛旅游开发生态风险管理对策。

关于海洋生态旅游开发模式方面，何书金等(2002)指出环渤海地区滩涂资源开发要遵循综合、立体、高效和持续利用的原则，采用保护性农业综合开发、生态旅游开发利用等模式进行。徐菲菲(2003)以滨海城市连云港为例，提出了可持续发展模式："资源环境－社区参与－经济发展－管理监控型"模式。黄震方等(2007)以江苏盐城海滨湿地为例，探讨了海滨湿地生态旅游可持续开发模式。侯国林等(2007)分析了盐城海滨湿地生态旅游社区居民参与生态旅游的决策规划模式、经营管理模式、产品开发模式以及利益分配模式及保障机制。

2.2.5　环境承载力研究

刘玲(1998)构建的山岳风景区旅游环境承载力评价指标体系中分为四个初级指标：旅游环境承载力、生活环境承载力、旅游用地承载力、自然环境纳污力。孙春华(2002)构建的山地风景区评价指标体系中将其分为自然环境承载力、经济环境承载力、社会环境承载力三个初级指标。王文斌(2007)建立的九寨－黄龙旅游承载力指标体系分 3 块：服务管理承载力、空间环境承载力和生态环境承载力。每一块都有不同级数的指标层。服务管理承载力分 3 级：第一级 2 个指标，第二级 4 个指标，第三级有 10 个指标。空间环境承载力分 2 级：一级指标两个，二级指标总计 6 个。生态环境承载力分 3 级：一级指标 1 个，二级指标 2 个，三级指标总计 4 个。

刘伟(2009)将构建的海岛旅游环境承载力指标体系总共分为 3 层，初级指标 3 个：自然环境承载力、经济环境承载力、社会环境承载力；二级指标 6 个；三级指标总计 29 个。周鹏(2010)建立的生态旅游环境承载力评价指标体系分成四层，初级指标为标准层，有 3 个：自然环境承载力、经济环境承载力和社会环境承载力。二级指标为领域层，有 6 个；三级指标为指标层，有 9 个；四级指标为评价内容层，总计为 21 个。

2.2.6 生态旅游资源可持续利用研究

印秀峰，安强华(1998)试论狼山风景区开发利用与生态环境保护对策，提出开发利用和提高狼山风景区的旅游价值，狼山风景区开发利用和保护风景区的生态环境。何丽芳(1999)论旅游资源合理利用的生态经济准则，以旅游资源开发利用的经济和生态规律分析为基础，探讨了旅游资源利用最优化准则的不合理性和合理利用的生态经济准则。金磊(2006)对泰山的生态旅游资源的评价，阐述了泰山生态旅游绿色开发的要求和新目标、新理念、新模式、新原则等新思路，提出实施泰山旅游资源可持续利用的战略和策略。郭珊(2008)澳大利亚滨海体闲旅游区生态利用研究，探讨的生态利用以滨海休闲旅游区为对象，以澳大利相关优秀范例为依托，以景观生态学、循环经济学、可持续发展以及其他相关学科为基础进行的城市滨海旅游区生态系统建设问题。

郭薇(2009)基于生态伦理的旅游资源可持续开发利用研

究——兼论四川旅游业灾后重建问题研究，对灾后四川旅游业的振兴问题，从自然、经济、社会复合系统的角度，研究旅游资源的可持续开发利用，从自然资源和人文资源的综合研究角度探讨旅游资源的价值以及可持续开发利用。刘德智，李杨(2010)循环经济理念下旅游资源可持续利用问题研究，基于循环经济的基本理念，针对旅游资源可持续利用中面临的问题，设计出旅游资源持续利用的概念模型，并提出了循环经济下旅游资源可持续利用和绿色旅游战略。

2.2.7　海岛生态旅游研究

关于海岛旅游资源开发研究。陈烈，王山河，丁焕峰，王华(2004)运用生态景观学和旅游地理学的基础知识，以茂名市放鸡岛为例，提出依托较为脆弱的生态环境的海岛生态旅游开发是无居民海岛开发的重要组成部分，探讨无居民海岛的生态旅游规划及其发展战略。林河山，余兴光，龙邹霞(2008)在分析、归纳湄洲岛生态旅游资源特征的基础上，结合湄洲岛生态旅游资源开发过程中存在的问题，从生态旅游资源开发与保护有效结合的角度出发，提出湄洲岛生态旅游资源可持续利用的对策。张云生等(2002)针对大陈岛，提出了海岛生态旅游开发的一些对策和措施。庞振刚等(2003)指出象山港区域的开发生态旅游进行了可行性和制约因素的分析，并提出了开发的总体目标和发展措施。

关于海岛生态旅游规划研究。邓伟(1996)分析并研究了辽宁海岛生态旅游业的发展和规划问题。田克勤(1998)、陈烈等(2004)，张树夫等(2000)，侯景亮(2005)分别针对山东海岛、广东茂名市放鸡岛、江苏沿海和烟台滨海作了相关研究。唐怀举，梁桂盛(2008)以湛江市特呈岛生态旅游度假区概念规划为例 SWOT 分析在海岛生态旅游概念规划中的应用。

关于海岛旅游资源评价研究。李占海(2000)选择 80 个评价因子，建立了海滩质量评价模式。张灵杰(2000)通过大鹿岛生态系统的评价，提出了相应的对策和建议。周琳（2006）调查无居民海岛开发现状建立评价体系。薛纪萍（2008）运用AHP法构建了海岛旅游可持续发展价指标体系。王跃伟，陈航（2010）舟山市海岛旅游资源评价及开发对策研究，以舟山市海岛旅游开发为例，将海岛旅游资源的特点进行总结和归纳，并对舟山市海岛旅游资源进行了评价，认为舟山市海岛旅游资源具有类型多样、品位较高及空间集聚效应明显的特征。

关于海岛生态旅游资源利用研究。郭珊（2008）澳大利亚滨海休闲旅游区生态利用研究的文章，结合大量相关资料的搜集与整理，从规划立法、规划管理、规划实施等角度对现有实例进行解析，实施过程中取得的先进经验；最后，结合中国的国情和天津滨海休闲旅游区的资源现状，借鉴澳大利业等先进经验，探讨了从生态利用角度如何改善天津滨海休闲旅游区的意见和建议。许晓薇（2008）福州闽江口湿地生态旅游资源的利用与保护研究，通过分析和评价闽江口湿地旅游资源利用管理的现状，提出了闽江口湿地生态旅游资源可持续利用和保护的对策。林河山（2008）以莆田市媚洲岛为研究案例，通过对媚洲岛自然旅游资源，包括海水、沙滩、湿地、植被、海蚀地貌等和人文旅游资源的开发利用现状进行深入分析，对生态与环境胁迫及开发利用不合理的问题进行研究，提出协调解决媚洲岛生态旅游持续利用的对策措施。

关于海岛生态旅游可持续发展研究。乐忠奎（2000）提出舟山海岛旅游可持续旅游的对策和建议。邵学珍（2008）基于可持续发展的海岛生态旅游研究——以舟山群岛为例。文章从海岛旅游资源的价值，海岛旅游的非持续发展现状，加强海岛生态旅游建设入手，研究了舟山群岛旅游发展现状与存在的问题，讨论舟山生态旅游开发模式，提出海岛生态旅游与可持续发展战略。任淑华，蔡克勤（2009）舟山海岛旅游产业可持续发展研究，如何开发利用有限的、不可再生的及稀缺的海岛资源，使旅游业可持续发展，是现在乃至今后值得关注与研究的重大问题。并从海岛旅游业可持续发展的角度,分析舟山旅游业发展中的影响因素,针对舟山海岛旅游业发展中存在的问题,提出舟山海岛旅游可持续发展相应的对策。王忠成(2010)基于可持续发展的海岛生态旅游研究,尝试使用生态足迹法对岱海岛旅游可持续发展进行了评价,并对评价结果进行了分析,提出实现岱山县海岛旅游可持续发展的对策建议。王娜,赵吉云(2010)长岛县旅游与海岛发展良性互动关系研究,对长岛县旅游发展阶段分析,探讨了长岛县旅游与海岛发展互动关系,提出旅游与和谐长岛良性互动关系模式构建,最后提出旅游与长岛发展良性互动关系对策措施。

2.3 国内外生态旅游研究述评

2.3.1 国内外研究的差异性

国外生态旅游研究比较关注旅游对当地经济和环境的影响,关注生态旅游管理、生态旅游理论与方法,以及生态旅游产业与运营。而国内生态旅游研究较多的是注重生态旅游业可持续发展、生态旅游资源开发;主要针对旅游的客体资源状况,以及旅游开发的对策。从旅游主体的角度,分析游客的行为特征、出游动机以及目的地选择影响因素等方面的研究较少。

2.3.2 海岛生态旅游研究欠缺

关于海岛旅游资源开发与可持续发展的文献占据绝大数量,主要是应用性研究或是海岛开发的宏观指导性文章。关于海岛旅游的概念、内涵、内容,海岛旅游有别于陆地旅游的特质,海岛旅游自身的演化规律,特别是研究生态旅游产业与运营商、生态旅游理论与方法和生态旅游者调查研究等几乎是空白。理论与方法研究的缺失造成其他方面研究难以深入,制约了海岛旅游的研究深度。如生态足迹模型(章锦河等,2006)自1992年提出以来,迅速得到学者们的广泛关注和实证应用。尽管如此,生态足迹模型无论在理论上还是在方法上都被认为存在诸多明显不足与缺陷,引起了较大的争论,甚至遭到了一些研究者们的批评。

2.3.3 研究方法的简单化和模式化

纵观海岛旅游应用研究现有的大部分成果中,大多数仍采用文献分析法,并都沿袭着同一个模式:提出某区域海岛旅游的特点或现状—问题分析—特色定位—设计出旅游形象或提出旅游开发对策,而且提出的策略近乎雷同。这种模式,往往把问题简单化,带有较强的主观色彩,缺乏创新性和可信度,造成各地海岛旅游产品雷同,而且也成为制约海岛旅游应用研究进一步向纵深发展的最大瓶颈之一。

2.3.4 研究海岛生态旅游资源利用的意义

在生态旅游资源的开发与规划研究中,大多集中于宏观理论的研究,在应用方面正处于探索阶段。近年来,也开始进行微观方面的研究和探索,如实证案例的研究。本文认为,对海岛生态旅游资源的利用,既要研究海岛生态与环境质量,又要突出生态系统及各环境要素的原生性、多样性和健康性。特别要保护脆弱、稀缺的自然生态旅游资源。在搜集查阅了国内外文献的时候,发现在海岛旅游开发与管理、海岛资源评价以及海岛旅游可持续发展方面的研究比较多,但专门针对海岛生态旅游资源利用的研究却很少,对如何兼顾海岛生态旅游资源的合理保护与利用,实现海岛旅游资源的有效、健康利用,对推动旅游业的可持续发展,具有重大的现实和深远意义。

随着旅游业的蓬勃兴起、研究领域的不断拓宽,由传统的一般性叙述、表面研究,到制定政策、法规,提出建议参考等描述性阶段,并逐步向着研究规划、产品设计和评价评估等数量化方向的研究。虽然生态旅游得到了重视和关注,但研究文章和研究内容却比较有局限性,针对海岛旅游的研究文章很少,特别是舟山海岛生态旅游利用的研究更少。因此,单从研究成果可以显示:国内对海岛生态旅游环节研究的薄弱和研究力度的不足。希望本文能为我国在海岛生态旅游研究方面,从理论与实践上弥补不足,有所突破,有所创新。

2.4　小结

本章回顾和分析了国内外有关生态旅游的文献资料,注重研究了生态旅游的内涵、发展、评价方法、开发与保护及环境容量的文献。尽管众多学派从不同的视角,对生态旅游内涵作过解释或是定义说明;但纵观文献资料后,其共性是,生态旅游注重的是对自然和人文景观的欣赏与观光,注重对景区资源的保护与继承,注重当地经济的发展和福利水平的提高,注重人、自然与环境的协调发展,注重当代人与子孙后代的和平共处。若按单位产值计算,生态旅游是一种低能耗、低消耗、低污染的新型绿色产业,符合环保、低碳的时代主流。

对比国内和国外的研究成果表明,国外研究的视角相对较广,侧重于生态旅游对当地环境和经济的影响,侧重于生态旅游的营运与管理、发展模式和理论等方面;而国内更多的是关注生态旅游资源自身的资源利用及可持续性研究。此外,对国内主要资料库的研究文献作了数量统计,得知国内在生态旅游,尤其是海岛生态旅游方面的研究存在不足,对其的量化建模与评价研究就更少。这也是本文选题的主要原由之一;希望有所突破,有所创新。

第 3 章　经济评价的基本理论

3.1　环境库兹涅茨曲线

在对技术进步和环境投资的静态假设基础上，某污染物的人均排放量 e 与人均收入 y，两者有线性关系，如图 3－1(A)所示：

$$e = \alpha y \tag{3-1}$$

若系数 α 本身与人均收入 y 也是线性关系：

$$\alpha = \beta_0 - \beta_1 y \tag{3-2}$$

由公式(3－1)和公式(3－2)可得：

$$e = \beta_0 y - \beta_1 y^2 \tag{3-3}$$

图 3－1(B)所示的假设关系，即"环境库兹涅茨曲线(EKC)"。EKC 经验性的假设非常重要，当人均收入超过一定的阈值(拐点)时，按人均度量的经济活动的环境效应就会随人均收入的增加而下降，e 和 y 关系是一个倒 U 形。

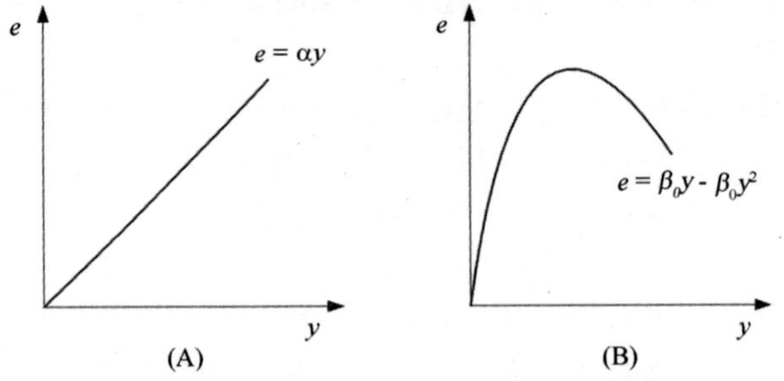

图 3－1　人均收入 y 与人均排放量 e 的关系

根据库兹涅茨(1955)提出的一个假设命题:认为收入分布不均的度量与收入水平之间的关系是一倒U形,1992年美国经济学家古斯曼和克鲁格提出了环境库兹涅茨曲线(EKC)。从长远来看,当一个国家的经济发展时,人均收入从低水平向高水平上升时,所有的环境退化现象将会减少。用Panayotou(1993)的观点可以简单的概括为:"当经济发展处于低水平时,环境退化的数量和程度受生存活动对基础资源及有限的生物降解废弃物数量的影响。当经济发展加速,伴随着农业和其他资源开发的加强和工业化的崛起,资源消耗速率开始超过资源的再生速率,生产的废弃物的数量和毒性增长。在经济发展到更高水平,产业结构向信息密集的产业和服务转变,加上环境意识的增强,环境法规的执行,更好的技术和更多的环境投入,促使环境退化现象逐步消失和逐渐减缓。"Beckerman(1992)指出:"确凿的证据表明,尽管在经济发展的初始阶段常常导致环境退化。到最后,在大多数国家,保护环境最好的或许是唯一的方法是变得富裕起来。"

3.2　消费者剩余

效用是序数性质的,只能比较大小和排序,无法进行量化的计算。对于非市场的环境资源如何进行货币化的经济价值分析,一直是经济学界努力探索和追求的一件事。自1844年由法国教授J. Dupuit提出消费者剩余的概念,之后消费者剩余的理论被广泛地应用于公共项目和社会福利的分析。目前,消费者剩余的理论也被有效地应用于旅游休闲游憩地的经济价值的研究和分析之中。

3.2.1 马歇尔消费者剩余

消费者剩余是指获取一定数量物品所愿意支付的总额超过实际支付的部分，即需求曲线下的面积(总的支付意愿)减去购买价格下的面积(总的实际支付)。如图 3-2(A)中阴影部分所示，图中 $x=x(p)$ 是马歇尔需求函数(普通需求函数)。马歇尔消费者剩余：

$$MCS = \int_{p^0}^{p^H} x(p)\,dp \tag{3-4}$$

其实，我们更关心的是价格发生变化后，引起的消费者剩余的变化。当价格由 p^0 下降到 p^1 时，MCS 的变化如图 3-2(B)中阴影部分所示。

$$\Delta MCS = \int_{p^1}^{p^0} x(p)\,dp \tag{3-5}$$

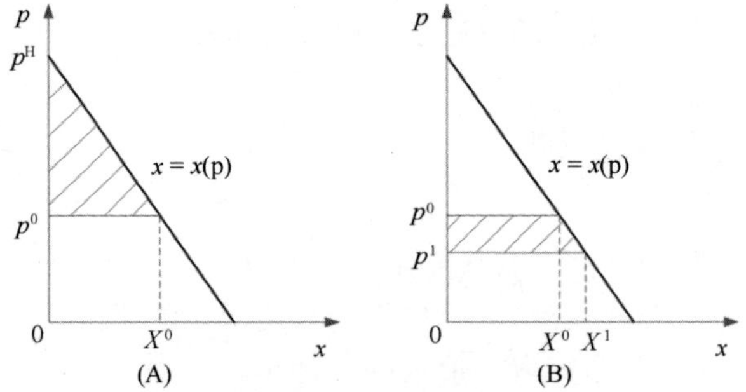

图 3-2 消费者剩余 *MCS*

3.2.2 希克斯消费者剩余

旅游产品为 x_1，对其他所有的商品抽象为 x_2。当旅游的价格

由原先的 p_1^0 下降到 p_1^1 时($p_1^0>p_1^1$),则消费者的收入约束曲线由原先的AC变为AE,增加的机会集合ACE。商品组合由(x_1^0,x_2^0)变成(x_1^2,x_2^2)。其中:由(x_1^0,x_2^0)到(x_1^1,x_2^1)过程,仍保持原先的效用 U_0 不变,称为替代效应;由(x_1^1,x_2^1)到(x_1^2,x_2^2)过程,价格保持变化后的价格 p_1^1,称为收入效应。如图3-3所示。

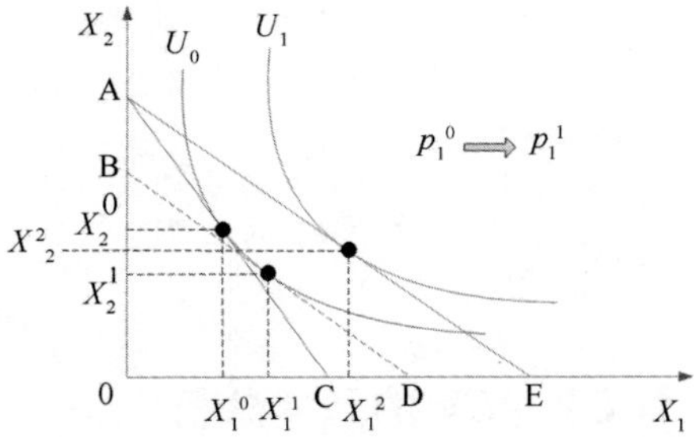

图3-3　希克斯补偿需求曲线

从保持效用不变的角度出发,分析价格的变化应如何对消费者的收入进行补偿。有:

$$CV = e(p^1,u^0) - e(p^0,u^0) = \int_{p^0}^{p^1} x^h(p,u^0)dp \quad (3-6)$$

$$CV = e(p^1,u^1) - e(p^0,u^1) = \int_{p^0}^{p^1} x^h(p,u^1)dp \quad (3-7)$$

CV(Compensation Variation)是补偿变异,表示在保持价格变化前的效用应予以消费者的补偿;*EV*(Equivalent Variation)是等价变异,表示在维持价格变化后的效用应赋予的补偿。

当旅游产品为 x_1 的价格下降和上涨时,对应的 *CV* 和 *EV* 的变化,如图3-4(A)和(B)所示。图中的 *CV* 和 *EV* 分别用 x_2 的数量表示。从图中可以看出:x_1 价格下降,补偿变异 *CV* 是负的;x_1 价格上降,补偿变异 *CV* 是正的。

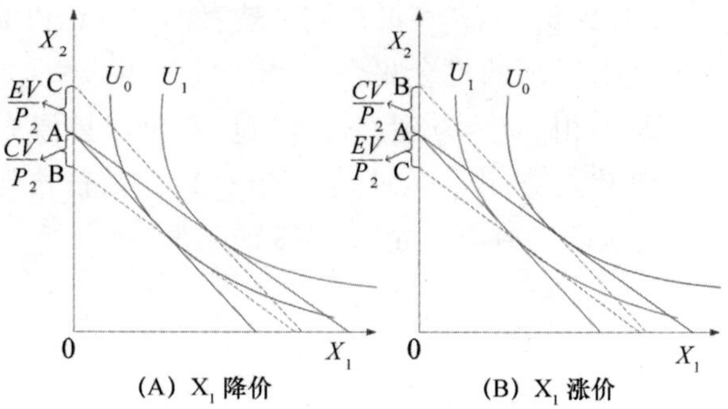

图 3－4　*CV* 和 *EV* 的示意图

3.2.3　*MCS* 与 *CV－EV* 的几何分析

马歇尔需求函数(普通需求函数)是受收入约束的直接效用最大化。

$$\max \quad u(x), s.t.\ px = I \tag{3-8}$$

希克斯需求函数(补偿需求函数)是受效用约束的支出最小化。

$$\min \quad px, s.t.\ u(x) = u \tag{3-9}$$

商品需求对其自身价格的变化,可用 Slutsky 方程表示为:

$$\frac{\partial x(p,I)}{\partial p} = \frac{\partial x^h(p,u)}{\partial p} - \frac{\partial x(p,I)}{\partial I}x(p,I) \tag{3-10}$$

除了吉芬(Giffen)商品外,对公式(310)右边的第一项 $\frac{\partial x^h(p,u)}{\partial p}$ 是负的(替代效应),右边的第二项也是负的(收入效应)。因此,普通需求函数对价格的导数比补偿需求函数对价格的导数的数值大(绝对值),即普通需求曲线要比补偿需求曲线平坦,如图 3－5 所示。

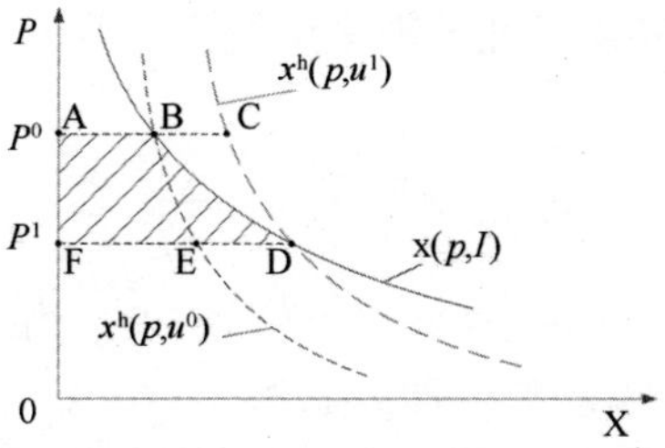

图 3－5　*MCS* 和 *CV*－*EV* 的几何分析

图 3－5 是价格下降的情况，Δ*MCS* 是"ABDF"所围的面积，*CV* 是"*ABEF*"所围的面积，*EV* 是"ACDF"所谓的面积。三者都是货币化的量纲，在数值上 Δ*MCS* 鉴于 *CV* 和 *EV* 之间。当 *x* 的需求是完全刚性（需求弹性为零）时，马歇尔需求函数和希克斯需求函数一致；此时，$CV=\Delta MCS=EV$，价格变化的收入效应为零。

在价格上涨时，*CV* 作为最低补偿意愿（*WTA*）将使个体的效用保持不变；*EV* 作为个体的最大支付意愿（*WTP*）使价格保持不变。

生态环境的改善，等效于价格的下降；生态环境的恶化或是破坏，等效于价格的上涨，如表 3－1 所示。

表 3－1　价格变化效应的货币计量

价格变化	*CV*	*EV*
价格下降	对变化发生的 *WTP*	对变化不发生的 *WTA*
价格上升	对变化发生的 *WTA*	对变化不发生的 *WTP*

3.3　需求的价格弹性

需求的价格弹性反映，在一定的时期内价格变动引起需求量变化的程度，即：需求弹性 = 需求量变化的百分比除以价格变动的百分比。

$$Ed = \frac{\Delta X/X}{\Delta P/P} = -\frac{\Delta X}{\Delta P}\frac{P}{X} \qquad (3-11)$$

若以需求曲线上两点间的价格和需求量为基础计算得到的弹性，称为需求对价格的弧弹性。如图 3－6（A）所示。当需求曲线为连续可导时，可演化为曲线上每一点的弹性，称为需求对价格的点弹性。如图 3－6（B）所示。

$$Ed = -\frac{dX}{dP}\frac{P}{X} \qquad (3-12)$$

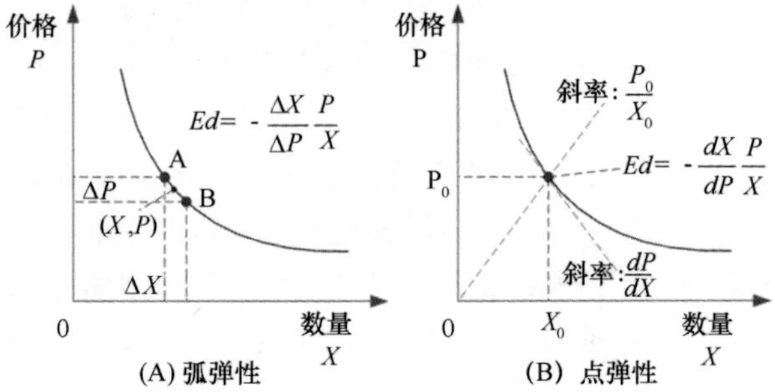

图 3－6　需求价格弹性示意图

需求弹性的大小不仅跟需求曲线的形状有关（斜率或是导数），还取决于点所处的位置。按需求弹性的数值大小，可将商品分为五类：完全弹性、富有弹性、单位弹性、缺乏弹性、完全刚性，如图 3－7 所示。

⅄　完全弹性：弹性无穷大。需求曲线是一条水平直线，即使价格有微小的增加都会导致需求量跌为零。

⅄　富有弹性：弹性大于 1。对价格的变动敏感，需求量的变化足以抵消价格的变动；降价有利于总收入的增加。

▲　单位弹性：弹性等于 1。需求量的变化刚好抵消价格的变动；价格的升降对总收入无影响。

▲　缺乏弹性：弹性小于 1。对价格的变动不敏感，需求量的变化不足以抵消价格的变动；涨价有利于总收入的增加。

▲　完全刚性：弹性为 0。需求曲线是一条垂直直线，无论价格如何变化需求量都保持不变。

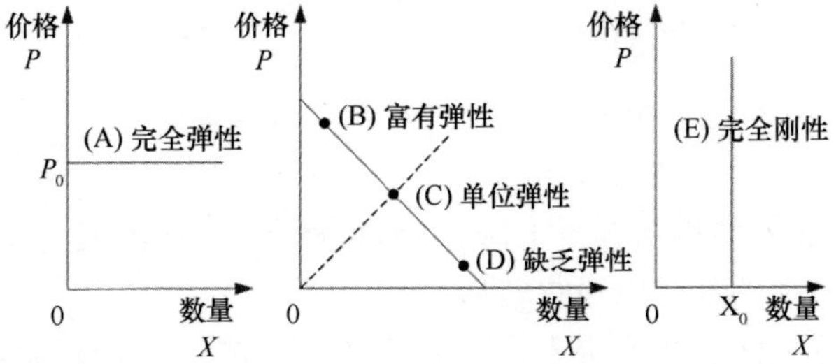

图 3－7　五类弹性示意图

3.4　税收与转移支付

从经济学上理解，税收是一种转移支付，征税有两个基本的原则：受益原则和支付能力原则，即谁受益谁支付，谁有能力谁支付。在市场均衡时，征税会引起均衡点的变动；若直接征收消费税 t，则使需求曲线下移；若直接征收生产税 t，则使供给曲线左移，如图 3－8 所示。

无论是向消费者还是生产者征税其结果都是一样的，税赋均由消费者和生产者分担。从图 3－8 可知，均衡点由原先的（X_0，P_0）移动到（X_1，P_2），其中消费者分担的税额是（P_2-P_0）X_1，生产者分担的税额是（P_0-P_1）X_1，赋税总额是 $tX_1=(P_2-P_1)X_1$。相

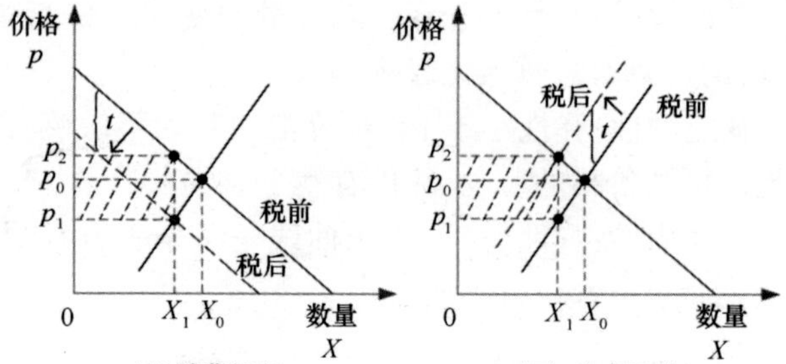

(A) 消费征税　　(B) 生产征税 t

图 3－8　税收对供需均衡的影响

比税前，征税使均衡数量下降，均衡价格上升；将消费者剩余或是生产利润中的部分以税收转移。

税额如何分配取决于需求曲线和供给曲线的相对倾斜度，供求双方各自分担的税额与其弹性成反比。给定需求弹性时，供给弹性越大，消费者分担的税额相对较多；给定供给弹性时，需求弹性越大，消费者分担的税额相对较少。

如图 3－9 所示，对于完全弹性需求，需求曲线是一条水平线，税额全部由生产者承担；对于完全刚性需求，需求曲线是一条垂直线，税额全部由消费者承担。

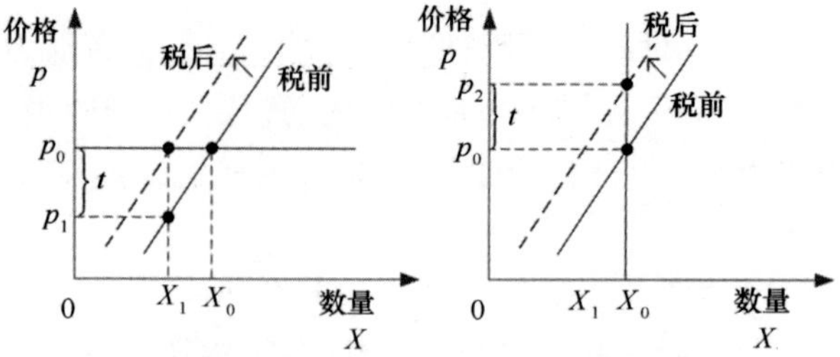

(A) 完全弹性需求　　(B) 完全刚性需求

图 3－9　完全弹性需求和完全刚性需求的税收

3.5　条件评价法

条件评价法是一种结构化问卷调查技术，直接向相关群体的样本询问他们的 *WTP* 或是 *WTA*。把假设方案向被调查者提出，主要用于分析具有非排他性和不可分割性的环境资源或是其他公共物品的供给水平变化。针对环境资源，可以直接询问受访者：从一种环境资源质量状态改善到另一种环境质量状态时，个体的最大支付意愿（*WTP*）；或是从一种环境资源质量状态退化到另一种环境质量状态时，个体的最小受偿意愿（*WTA*）。

从理论上讲，*CVM* 回答是 *WTP* 或是 *WTA* 的问题，可以直接得到效用变化的正确货币计量。当生态旅游资源及其环境质量得到改善后，旅游者可在原有的效用水平上享受到改善后的旅游环境资源，对环境的改善需支付一定数量的货币，即最大支付意愿（*WTP*），数值等于补偿变异（*CV*）。在较高的效用水平上，旅游者原本可以享受更好的环境质量，却同意环境的退化，而维持在退化后的环境状态，环境的退化应对旅游者予以补偿，即最低受偿意愿（*WTA*），数值等于等价变异（*EV*）。

生态环境质量的改善，等效于表 3－2 中物品价格的下降；生态环境质量的恶化或是破坏，等效于表 3－2 中物品价格的上涨。

表 3－2　生态环境质量变化的货币计量

环境变化	*CV*	*EV*
环境改善	对变化发生的 *WTP*	对变化不发生的 *WTA*
环境退化	对变化发生的 *WTA*	对变化不发生的 *WTP*

根据 Hanemann（1991）对环境资源经济价值的研究表明，*WTA* 的数值可能会无穷大，为此差值（*WTA* － *WTP*）也可能会在[0，+

∞)之间变化。这也表明,环境的退化或是恶化,人们在主观上可能是无法接受的。因此,采用 *WTP* 对环境资源的经济价值估计会更为合理。

为了获得比较合理的 *WTP* 平均数,可以采用 *WTP* 的均值(Mean)或是中值(Median)。其中,中值受孤立"野值"的影响会比较小。一般情况下,计算的中值要比平均值低。在 *CVM* 的大多数应用场合,即计算 *WTP* 的中值,也计算 *WTP* 的均值。因此,总的 *WTP* 就可以用计算的 *WTP* 平均数乘以相关群体的总数得到。

主要的调查问卷类型如表 3 - 3 所示。

表 3 - 3　主要的调查问卷类型

问卷格式	CVM 类型	主要特征
开放式	连续型	针对调查的问题,直接询问被访者的最大支付意愿
支付卡式	连续型	列举一组支付投标值,让被访者选择最大的支付意愿
单边界二分式	离散型	针对调查的问题,询问被访者对给定的投标值,是否同意支付
双边界二分式	离散型	根据被访者对单边界二分式投标的反应,紧接着询问下一个投标问题。如果对第一个问题回答"是",则第二个投标值将高于第一个投标值;否则,第二个投标值略低于第一个投标值

3.6　旅行成本法

旅行成本法(TCM)其实质是一种市场模拟方法,到访者来到旅游景点需要支付一定的旅行费用,假设通过支付的旅行费用可以间接地显示到访者对景点的支付意愿,从而构建基于旅行成本的需求函数，进而计算得到马歇尔消费者剩余（*MCS*）。用计算得到 *MCS* 能间接反映旅游游憩景区的经济价值。

在构建需求函数时，做了如下的四点假设：

▲　弱补偿性：如果个体不去景点，那么他就不关心景点提供的服务；

▲　到访者的旅行费用是由从出发地到景点的距离（或是路程）决定的；

▲　旅游成本是由旅行费用和景点门票两部分决定的；

▲　旅行费用和景点门票对到访者来说是同等重要的，不论是门票价格，还是旅行费用的升/降对总成本的升/降反映是一致的。

若假设需求函数与旅行成本是线性关系，则有：

$$V_i = \alpha + \beta C_i + \varepsilon_i = \alpha + \beta(T_i + P) + \varepsilon_i \qquad (3-13)$$

其中，V_i：第 i 区域的旅游人次数

C_i：第 i 区域的旅游总成本

T_i：第 i 区域的旅行费用

P：景点门票价格

ε_i：随机误差项，$\mathrm{E}[\varepsilon_i]=0$

假设来景区的游客按距离远近分为：A，B，C 三个区域；且每个区域只有一个抽象的人，即旅游人次就是旅游次数，如图 3-10 所示。三个区域的旅行费用和出游人次等信息，参见表 3-4。假设景区是免费对游人开放的，即 $P=0$。

表 3-4　三区域（A，B，C）的出游人次

出游区域	旅行费用（*Ti*）	旅游人次（*Vi*）
A	100	300
B	150	200
C	200	100

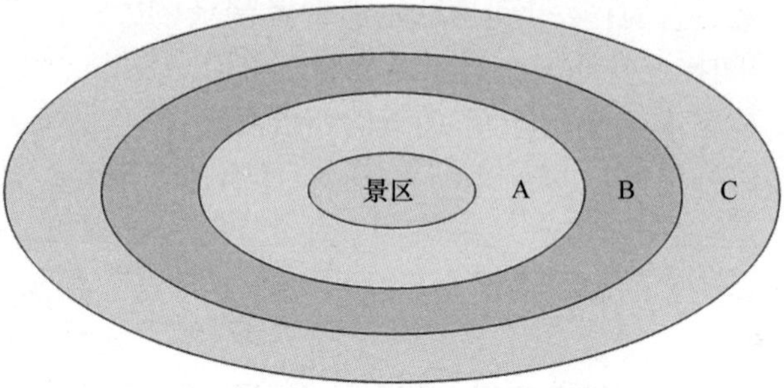

图 3－10　游客区域分布示意图

因为是免费的（$P=0$），由样本（V_i，T_i）数据回归得到公式（3－13）的系数 $\alpha=500$，$\beta=-2$。

$$V_i = 500 - 2T_i \tag{3-14}$$

$$V_i = 500 - 2(T_i + P) \tag{3-15}$$

根据公式（3－15），将 *T*i 数值代入，即可求得三区域的需求函数，分别如下：

$$V_A = 300 - 2P \tag{3-16}$$

$$V_B = 200 - 2P \tag{3-17}$$

$$V_C = 100 - 2P \tag{3-18}$$

景区的总消费者剩余 *MCS* 计算，可以分别计算是三个区域 A，B，C 的消费者剩余，然后再加总得到总的 *MCS*。也可以先按价格横向叠加合成景区的总需求曲线，然后再求总需求曲线积分得到总的 *MCS*。总需求曲线合成的图解如下。

从图 3－11 中可以看出，合成后的总需求曲线是三段式的折线，总的 *MCS* 是区域“abcd0”所围的面积。当 *TCM* 的区域数较多时，总的需求曲线可以近似的拟合成一条平滑的曲线。

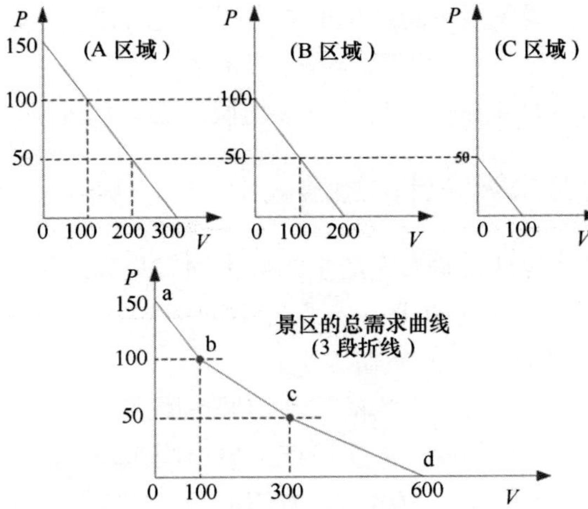

图 3－11 *TCM* 总需求曲线的合成

3.7 城市固态垃圾统计量

为了能有效地对遭受破坏的生态系统做出定量的评价，Walkeretal(2002)引入一种新的计算方法：通过对城市固态垃圾量的统计(SUW: Solid Urban Waste，城市固态垃圾量)，可以间接地计算出实际的到访人数。基于这样一个给定的模型，可以对旅游景区的受影响程度做出量化的评价；若能做到按月份统计城市固态垃圾量，就能很好地反映出当地旅游业的季节特性。

官方统计的旅游压力指数：

$$P_O = \frac{N_O}{N_R} \tag{3-19}$$

其中，N_O：官方统计的年旅游人次；

N_R：当地常住的居民人数。

当地常住居民月平均产生的城市固态垃圾总量：

$$SUW_R = N_R SUW_{mAR} \quad (3-20)$$

其中，SUW_{mAR}：每年居民人均的月平均城市固态垃圾量。

3.7.1 每月未被统计的旅游人次

官方统计的月旅游人次产生的城市固态垃圾总量：

$$SUW_{mO} = N_{mO} SUW_{dAR} \quad (3-21)$$

其中，N_{mO}：官方统计的月旅游人次；

SUW_{dAR}：每年居民人均的日平均城市固态垃圾量。

每月未被统计的旅游人次所产生城市固态垃圾总量：

$$SUW_{mU} = SUW_{mT} - (SUW_R + SUW_{mO}) \quad (3-22)$$

其中，SUW_{mT}：每月实际产生的城市固态垃圾总量；

SUW_R：当地常住居民月平均产生的城市固态垃圾总量。

每月未被统计的旅游人次：

$$N_{mU} = \frac{SUW_{mU}}{SUW_{dAR}} \quad (3-23)$$

3.7.2 每年未被统计的旅游人次

官方统计的年旅游人次产生的城市固态垃圾总量：

$$SUW_O = N_O SUW_{dAR} \quad (3-24)$$

其中，N_O：官方统计的年旅游人次；

SUW_{dAR}：每年居民人均的日平均城市固态垃圾量。

每年未被统计的旅游人次所产生城市固态垃圾总量：

$$SUW_U = SUW_T - (12SUW_R + SUW_O) \quad (3-25)$$

其中，SUW_T：每年实际产生的城市固态垃圾总量；

SUW_R：当地常住居民月平均产生的城市固态垃圾总量。

每年未被统计的旅游人次：

$$N_U = \frac{SUW_U}{SUW_{dAR}} \tag{3-26}$$

3.7.3　实际旅游压力指数

由于旅游往往具有较为明显的季节特性，以年为单位进行统计更具有可比性。将每年未被统计的旅游人次计算在内的景区实际旅游压力指数，修正如下：

$$P_C = \frac{N_O + N_U}{N_R} = P_O + \frac{N_U}{N_R} \tag{3-27}$$

3.8　污染流量和存量

物质平衡法认为污染的产生始终具有其物质根源，注重的是经济系统与环境之间的各种物质和能量的流动关系；生产和消费行为需要从环境吸取原材料和能源，经济过程的残余物又返回到不同的环境受体（包括空气、土壤、水体）中。从污染与损害关系的角度出发，区别污染损害到底是由污染物的流量（即污染物的排放速率）决定的，还是由环境介质中污染物的存量（即污染物的浓度）决定的，可以将污染分为三种类型：流量损害型污染、存量损害型污染、存量－流量混合型污染。

流量损害型污染的损害只取决于污染物的排放速率，排放出的污染物在环境里的生命期很短暂，即刻消失或是分解为无害物质；这种污染主要是以能量的形式存在，如噪声污染、光污染等一旦释放出来，就被周围环境以热能形式吸收。典型的特征是：如果排放流量下降到零，污染损害也同时下降到零。

存量损害型污染的损害只取决于污染物在环境里的存量（或是浓度），污染物残留在环境里有一个较长的生命期，同时污染物的排放速率超过了环境自身的净化能力。残留物在环境介质中逐渐积累,污染危害日渐显出;极端的情况,如重金属(铅、汞等)、持久性化合物(如二恶英、DDT 等)环境对其的同化能力几乎为零,还有强放射性元素的半衰期相对于人类活动也近乎无限长。

存量-流量混合性污染的损害是由污染物的排放速率和环境介质中的存量(或是浓度)两个因素共同决定的。

针对上述的三种污染类型,分别建立对应的损害函数:

▲ 流量损害型污染:

$$D = D(M) \tag{3-28}$$

▲ 存量损害型污染:

$$D = D(A) \tag{3-29}$$

▲ 流量-存量混合型污染:

$$D = D(M,A) \tag{3-30}$$

其中,D:污染引起的损害;

M:污染流量;

A:污染存量。

污染是经济活动的必然产物,是经济活动外部性的体现,污染产生的同时伴随着效益的产出。无论何种类型的污染,污染产生的效益只与排放流量有关:

▲ 污染的总效益: $B = B(M)$ (3-31)

3.9 生态环境资源的配置

3.9.1 代际经济效率

生态环境资源的配置往往涉及跨期决策,就资源的当前使用做出决策时,必须了解当前决策行为所导致的后果,否则当前的决策就是不可取的。在当前给定的效用水平上,如果在未来任何时期的经济效用都尽可能高的话,则可以认为资源的跨期配置是代际有效率的。即使是在损害当前效用的情况下做出的决策,那么在未来的效用也只能是增加的。

3.9.2　公共物品属性

P. Samuelson(1954)提出了公共物品的两个本质特征:不可分割性和非排他性。不可分割性是指一个消费者对公共物品的享用不会损害其他消费者从该公共物品中获得的效用,即额外增加一个消费者,不要求该公共物品的存量增加。非排他性是指支付费用的个体与不支付任何费用的个体同样享有公共物品提供的服务,即不能将不付费者排除在外。

不可分割性指出在没有超越拥挤界限时,新增一个消费者的边际成本为零;根据资源的有效配置要求资源价格等于边际成本。从效率的角度看,具有不可分割特性的物品,即使收费可行,价格也应等于零。以一座公园为例,入园的每个人都能享受相同的美景,彼此间互不影响;虽然可以收费,但在没有到达拥挤界限时,收费只会降低公园的利用率,使效率损失。至于提供公共物品所需的费用,应以一种适当的方式得到补偿。

纯公共物品、准公共物品以及私用物品的消费可能曲线,参见图3-12。

1)纯公共物品

$$X_i^h = X_i, h = 1,2,\cdots,H \tag{3-32}$$

2)准公共物品

$$X_i^h \leqslant X_i, h = 1,2,\cdots,H \tag{3-33}$$

3)私用物品

$$\sum_{h=1}^{H} X_i^h = X_i \qquad (3-34)$$

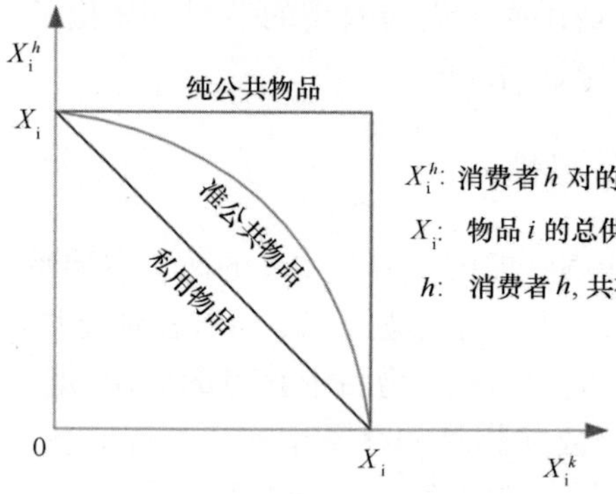

图 3-12　公共与私用物品消费的可能性曲线

3.9.3　帕累托最优及改进准则

帕累托有效率(最优)是指,在不损害其他个体利益的情况下,无法使任何一个个体的社会状况得到改进。当社会的资源配置达到帕累托有效时,则社会产品的生产、分配、交换都已达到最高效率。不过,帕累托有效率并不意味着社会资源分配的公平,只能是社会最优状态的必要条件,而非充分条件。

帕累托改进准则是指,社会经济状态由当前状态转变到另一经济状态时,至少使得其中一人的社会状况好转,而其他人的状况不受损失。几乎很少有项目和政策能符合这一准则,往往都是一部分人受益的同时,而另一部分人受损。

潜在的帕累托改进准则(补偿准则)是指,当社会状况发生变化时,如果受益者足以补偿受损者还有余的话,则认为社会的状况得到改进。这个准则只要求通过补偿实现帕累托改进的可能性,并不要求补偿的实现。

3.9.4　外部经济效应

当一方的消费或生产决策无意识地影响到另一方的效用或生产可能性,并且产生影响的一方又不对受影响方进行补偿,则外部效应就产生了。根据外部效应产生的后果,可分为外部经济(正的外部效应)和外部不经济(负的外部效应)。

科斯定理指出,外部效应的存在是产权界定不够明确引起的,只要界定并有效地保护产权,且交易成本为零,就能实现资源配置的帕累托最优;而与产权的如何界定无关,产权赋予的不同只影响最后收入分配的结果。

庇古税是根据污染所造成的危害程度对排污者征税,并用税收来弥补私人成本和社会成本之间的差距,使之相等;属于直接环境税,按照污染物的排放量或是经济活动危害来确定纳税义务。

3.9.5　纯公共物品供给的效率准则

一般均衡下,公共物品有效供给的效率准则是萨缪尔逊条件(Samuelson Rule):公共物品与私用物品的边际替代率之和等于产品转移率。适用于所有具有不可分割性特征的物品,而不论是否具有排他性。

$$\sum_{h=1}^{H} MSR_{Gi}^{h} - MRT_{Gi} \tag{3-35}$$

其中,h:是消费者,取值$[1\cdots H]$;

i:是私用物品的序号,取值$[1\cdots n]$;

G:是公共物品。

若私用物品是货币化基准的,则 MRS_{Gi}^{h} 就是消费者 h 对公共

物品 G 的边际支付意愿,MRT_{Gi}就是公共物品 G 的生产边际成本。帕累托最优时,则公共物品 G 的生产边际成本等于全社会边际支付意愿之和。

$$\sum_h MSR^h = MC(G) \tag{3-36}$$

对于私用物品,每个消费者面对相同的市场价格,是在给定的价格下数量的叠加,表现为市场需求曲线是消费者需求曲线的横向叠加,如图 3-13(A)所示;对于公共物品,每消费者都能享用相同的数量,是在给定数量下的边际支付意愿的叠加,表现为市场需求曲线是消费者需求曲线的纵向叠加,如图 3-13(B)所示。

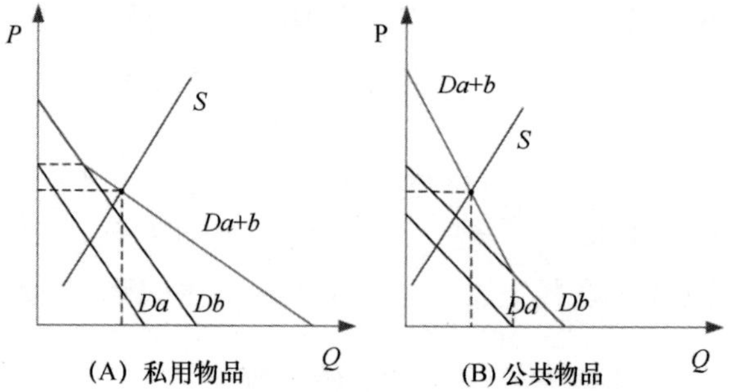

图 3-13 私用和公共物品的局部均衡

3.9.6 准公共物品供给的效率准则

准公共物品,有时也称俱乐部物品。布坎南在《俱乐部的经济理论》中指出:"有趣的是这样的物品和服务,他们的消费包含着某些'公共性',在那里适度的分享团体多于一个人或一家人,但小于一个有限的数目,'公共'的范围是有限的。"在一定的容量下,会员对俱乐部物品的享用不会影响其他会员的对同一物品的享用,但一旦超过容量的临界点,拥挤就会出现。

当拥挤出现时,个体对公共物品的消费,不仅取决于公共物品的供给水平,还取决于其他个体的消费状况。Oakland(1972)提出个体 h 的效用函数:

$$U^h = U^h(x^h, g^1, g^2, \cdots, g^H, G) \tag{3-37}$$

其中,$\frac{\partial U^h}{\partial G} > 0, \frac{\partial U^h}{\partial g^h} \geqslant 0$

$g^h \leqslant G, i = 1, 2, \cdots, H$

当拥挤出现时,$\frac{\partial U^h}{\partial g^j} < 0, j \neq h$。

3.10　小结

将本文需要用到的基本评价理论在本章列出,主要涉及经济学、环境与资源经济学以及福利经济学当中一些基本理论。环境库兹涅茨曲线 - EKC 指出:在经济发展过程,人均收入和污染物人均排放量的对应,在较长的时期里两者的关系曲线是倒 U 型。介绍两种常用于环境资源价值评价的方法:旅行成本法 - TCM 和条件分析法 - CVM。TCM 用于求解景区的单区域需求曲线、总体需求曲线的拟合,以及马歇尔消费者剩余;CVM 分析的是消费者对景区环境改善/恶化时的支付/受偿意愿。通过对消费者剩余的分析,得到了 CVM 分析的理论依据,以及 MCS 和 CV - EV 的数量关系。

环境资源的不可分割性,确定其具有公共物品的属性特征。首先,分析资源配置的一般效率准则——帕累托准则和可能出现的外部经济效应;随之,给出了纯公共物品和准公共物品配置的效率准则,为环境资源的有效配置和拥挤临界点分析提供了理论支持和解析表达。在生态景区的资源配置中,要求资源的配置应具有代际效率。在分析公共物品配置效率的同时，给出了公共物品供给的有效支付方式——税赋转移支付。最后，针对景区环境普遍遭受破坏的现象，特引入一种强有力的量化分析工具——城市固态垃圾量 - SUW。通过对 SUW 的量化统计，可有效地分析出景区实际到访的人次数和旅游的季节特性。

第4章　舟山海岛的生态旅游资源

4.1　舟山旅游业的发展

舟山经济发展迅速，经济结构实现了升级和优化。1978 年舟山地区实现生产总值 3. 9 亿元，1985 年增长到两位数，实现地区生产总值 13. 10 亿元；1999 年实现地区生产总值 106. 2 亿元；2010 年实现地区生产总值 633. 5 亿元。1978—2010 年期间，三次产业占国内生产总值比重的变化情况：第一产业，在 1978 年占国内生产总值 42%，然后其比重逐年下降，到 2010 年下降到占国内生产总值的 9. 9%；第二产业，在 1978 年占国内生产总值 31. 8%，其比重基本维持到 2003 年，之后持续攀升，到 2010 年升至国内生产总值的 45. 5%；第三产业，在 1978 年占国内生产总值 26. 2%，直至 1991 年比重变化不大，但从 1992 年起比重逐年上升，到 2010 年上升到占国内生产总值的 44. 6%。

舟山海岛生态旅游事业发展迅猛，可参见表 4 - 1。主要表现为：一是舟山海岛生态旅游人数逐年增加。1992 年来舟山海岛生态旅游人数达 203. 09 万人次；1997 年突破 300 万人次，达 325. 49 万人次；到 2010 年来舟山海岛生态旅游人数达 2 139 万人次。二是从生态旅游收入看，1992 年生态旅游收入达 1. 42 亿元；1996 年突破两位数，达 11. 79 亿元；到 2010 年生态旅游收入高达 142. 04 亿元。

表 4-1 舟山海岛旅游事业发展统计 单位:万元、人次

年份	旅游收入	旅游人数	年份	旅游收入	旅游人数
1992	14 216	2 030 903	2002	353 909	6 319 800
1993	25 322	1 983 353	2003	356 200	6450 900
1994	31 981	2 130 819	2004	511 822	8 370 700
1995	93 500	2 806 529	2005	614 075	10 017 100
1996	117 899	2 861 100	2006	730 000	11 528 400
1997	130 181	3 254 900	2007	853 400	13 050 000
1998	151 932	3 436 125	2008	1 003 600	151 647 65
1999	180 459	3 974 865	2009	1 165 200	1 7529 300
2000	226 184	4 597 238	2010	1 420 400	21 390 000
2001	293 234	5 501 581			

舟山海岛的旅游业主要以生态旅游为主,其旅游收入和占第三产业的比重情况,参见"附录 B. 1 舟山市旅游统计数据"。1990 年舟山海岛旅游占第三产业比重只有 7. 26% ,到 1991 年突破两位数,1999 年舟山海岛生态旅游占第三产业比重达 40. 91%。之后,舟山海岛生态旅游占第三产业比重持续维持在 40% 以上的高位,到2010 年竟然高达 50. 29%。其曲线走势,如图 4-1 所示。

以上数据表明,2010 年舟山的旅游业(尤其是生态旅游业)收入在第三产业中的比重超过了一半,约占整个地区生产总值的 22. 43%(2010 年第三产业占国内生产总值的 44. 6%)。舟山旅游业(尤其是海岛生态旅游业)在舟山经济发展中占据着重要的地位,生态旅游业是舟山海岛事业发展中的重要产业,也是最具有活力的朝阳产业。

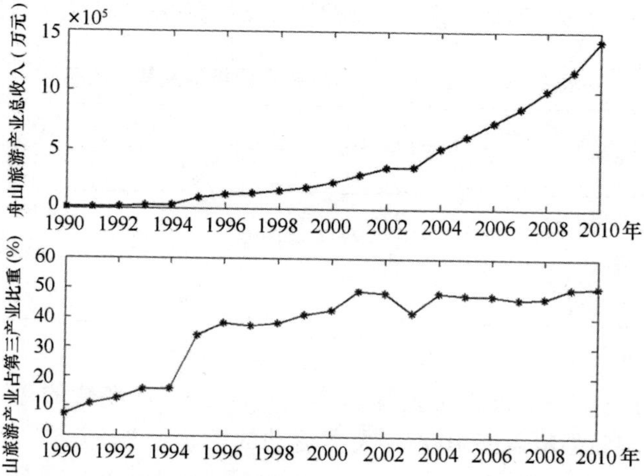

图 4－1　舟山旅游业产值及其占第三产业的比重

4.2　舟山旅游资源概况

舟山市境内大地处华夏古陆北东端，在浙东华夏褶皱象山、嵊泗构造隆起带。距今 6 亿—4 亿年前的古生代加里东造山运动时形成舟山大地榴皱。距今 1.95 亿—0.7 亿年前的中生代燕山运动时期，火山喷发形成新地表。受喜马拉雅运动影响，出现地垒、地堑式升降，升成山岭，沉为盆谷，形成舟山大地地貌。晚更新世后，我国东部沿海发生三次大的海侵，第一次（星轮虫）海侵全盛期，海平面高出今海平面 5～7 米，形成舟山海岛。因此，舟山海岛生态旅游资源的优势明显。

浙江舟山群岛，位于杭州湾外缘的东海洋面上，大小岛屿共计 1 390 个，礁 3 306 座。2010 年课题组对舟山海岛旅游资源情况做了进一步的调研，结果表明：舟山旅游资源的主类覆盖率 100%，亚类覆盖率96.77%,基本类型覆盖率62.58%,参见表4-2。

表4-2 舟山海岛生态旅游资源类型及其覆盖率

系列	国家标准数量	2010年 舟山地区	
		数目	覆盖率(%)
主类	8	8	100.00
亚类	31	26	83.87
基本类型	155	99	63.87

舟山海岛生态旅游资源基本类型按国家标准覆的盖率依次为:旅游商品覆盖率100%;人文活动的覆盖率为87.5%;建筑与设施覆盖率为77.55%;天象与气候景覆盖率为62.5%;地文景观覆盖率为51.35%;遗址遗迹覆盖率为58.33%;生物景观覆盖率为45.45%;水域风光覆盖率为26.67%。参见表4-3。

表4-3 舟山海岛生态旅游资源基本类型分布及其覆盖率

基本类型	地文景观	水域风光	生物景观	天象气候景观	遗址遗迹	建筑与设施	旅游商品	人文活动
国家标准数	37	15	11	8	12	49	7	16
定海区	8	1	3		6	26	3	7
普陀区	14	2	4	2	4	32	5	9
岱山县	9	4	1	5	2	25	5	3
嵊泗县	7	4	5	1	3	19	2	5
舟山海岛	19	4	5	5	7	38	7	14
覆盖率(%)	51.35	26.67	45.45	62.50	58.33	77.55	100.00	87.50

舟山海岛现有旅游单体1 083个,其中有地文景观单体316个,水域风光类单体37个,生物类18个,天景气候景观17个,遗

址遗迹 59 个，建筑与设施类 511 个，旅游商品类旅游单体 47 个，人文活动类 78 个。其中 2 个国家级、2 个省级景区。其丰富的旅游资源、优良的旅游产品，是为游客创造舒适旅游环境的必备条件，参见表 4－4。

表 4－4　舟山海岛生态旅游资源单体

基本类型	地文景观	水域风光	生物景观	天象气候景观	遗址遗迹	建筑与设施	旅游商品	人文活动
定海区	15	1	3		18	133	13	30
普陀区	150	19	12	4	29	202	10	27
岱山县	46	7	3	9	4	111	7	3
嵊泗县	105	10		4	8	65	17	18
合计	316	37	18	17	59	511	47	78

本调查的结果与 2004 年 9 月李隆华教授对舟山市旅游资源普查比较：从 2004—2010 年的 6 年中，舟山海岛旅游资源单体新增 231 个，消失 7 个。新增资源单体主要集中在：普陀区新增 83 个，嵊泗县新增 80 个，定海区新增 54 个，岱山县新增 14 个。在新增的 231 个旅游单体中，涵盖了 7 个主类、17 个亚类，以及 45 个基本类型，主要以开发利用建筑与设施、地文景观和人文活动为主。其中，遗址遗迹 14 处，水域风光 9 处，天气与气象景观 5 处，生物景观 2 处。消失的 7 个旅游单体，主要是休闲娱乐场所的消失、海岛文化节庆的终止，参见表 4－5 和表 4－6。

表 4－5　舟山海岛生态旅游资源利用现状

地区	旅游资源单体（2004 年）	新增旅游资源单体	消失旅游资源单体	旅游资源单体（2010 年）
定海区	159	54		213
普陀区	370	83		453

续表

地区	旅游资源单体（2004 年）	新增旅游资源单体	消失旅游资源单体	旅游资源单体（2010 年）
岱山县	183	14	-7	190
嵊泗县	147	80		227
合计	859	231	-7	1 083

表 4-6　舟山海岛新增旅游资源单体类型明细

类型		定海区	普陀区	岱山县	嵊泗县	合计
地文景观（88 个）	AAA			1		1
	ACE		11		10	21
	ACF		4		3	7
	ACH		1			1
	ACG	1				1
	ACL		9		4	13
	ACN		5		12	17
	AEA	3	5		5	13
	AEB				14	14
水域风光景观（9 个）	BEA		3		4	7
	BEC		2			2
生物景观（2 个）	CAB		1			1
	CAC		1			1
天气与气象景观(5 个）	DAA				4	4
	DAC		1			1
遗址遗迹景观(14 个）	EAA	5			3	8
	EBA		1			1
	EBB	1	3			4
	EBE		1			1

续表

类型		定海区	普陀区	岱山县	嵊泗县	合计
建筑与设施景观（99 个）	FAA	4	3			7
	FAB	6	2	7		15
	FAC	2	5		2	9
	FAD	2	3			5
	FAE	1	6	3		10
	FAF		3	1	2	6
	FBC		1			1
	FCA		1			1
	FCG				4	4
	FCH	1	2		2	5
	FCK		1		1	2
	FDA	5	1		1	7
	FDB		4			4
	FDD	3				3
	FDG			1		1
	FDH	1				1
	FFA	4	2			6
	FFD				2	2
	FGB	10				10
人文活动（14 个）	HAB		1			1
	HDB			1		1
	HAA	2				2
	HCA				6	6
	HCC	1				1
	HDB	2				2
	HCD				1	1
合计		54	83	14	80	231

4.2.1 地文景观生态旅游资源

依据国家标准,地文景观类旅游资源隶综合自然旅游地(AA)、沉积与构造(AB)、地质地貌过程痕迹(AC)、自然变动遗迹(AD)、岛礁(AE)5 个亚类,有山丘旅游地等 37 个基本类型。舟山海岛地文旅游资源类齐全,地文旅游资源类的 5 个亚类齐全,有 19 个基本类型,地文旅游资源单体 316 个。其中,地文旅游资源类最多的是(AEA)岛礁 88 处,(ACE)地方民俗与民间礼仪 14 种,7 个(HAB)事件记载、7 种(HCC)民间演艺。另外,还有旅游节、文化节、特色服饰等。普陀区有 150 处,占舟山旅游资源储量的 47.47%;其次是嵊泗列岛有 105 处,占舟山旅游资源储量的 33.2%。地文景观的独特的魅力,在于海光山色、古朴壮美,海瀚、礁美、滩佳、石奇、崖险、岛屿星罗棋布等特点,吸引着大批的中外游客。见表 4-7。

表 4-7 舟山海岛地文景观生态旅游资源

类型	类别	定海区	普陀区	岱山县	嵊泗县	合计
自然旅游地(AA)	AAA	3	14	5		22
	AAD		2	5	1	8
	AAE	1				1
沉积与构造(AB)	ABG		1			1
	ABF			1		1
地质地貌过程痕迹(AC)	ACA		5			5
	ACB		2			2
	ACD			1		1
	ACE	1	35	8	24	68
	ACF	1	5		4	10

续表

类型	类别	定海区	普陀区	岱山县	嵊泗县	合计
地质地貌过程痕迹（AC）	ACG	2	1			3
	ACH	1	3			4
	ACK		3			3
	ACL		20		6	26
	ACN	1	23	11	18	53
自然变动遗址（AD）	ADG			1		1
	ADE		1			1
岛礁（AE）	AEA	5	35	11	37	88
	AEB			3	15	18
合计	15	150	46	105	316	

4.2.2　水域风光生态旅游资源

依据国家标准，水域风光类旅游资源隶河段（BA）、天然湖泊与池沼（BB）、瀑布（BC）、泉（BD）、河口与海面（BE）、冰雪地（BF）6 个亚类，以及观光游憩河段等 15 个基本类型。舟山海岛水域风光旅游资源有水域风光旅游资源类 2 个亚类，4 个基本类型；有水域风光旅游资源单体 37 个。普陀区和嵊泗县具有明显的资源优势。在 37 个旅游资源单体中，河口与海面 36 个。其中，有 29 个为观光休憩海域（BEA），6 个击浪现象（BEC），1 个涌浪现象（BEB）。天然湖泊与池沼（BBB）仅岱山秀山乡有 1 处湿地。见表 4－8。

表4-8　舟山海岛水域风光生态旅游资源

类型	类别	定海区	普陀区	岱山县	嵊泗县	合计
天然湖泊与池沼(BB)	BBB			1		1
河口与海面(BE)	BEA		16	3	9	29
	BEB	1		1		1
	BEC		3	2	1	6
合计		1	19	7	10	37

4.2.3　生物生态旅游资源

依据国家标准,生物类旅游资源隶树木(CA)、草原与草地(CB)、花卉地(CC)、野生动物栖息地(CD)4个亚类,有林地等11个基本类型。舟山海岛生物旅游资源有生物旅游资源类的3个亚类,5个基本类型;生物旅游资源单体共有18个。生物旅游资源主要集中在普陀区,基本类型主要有植物园、古树林、林间花卉和鸟类栖息地等。见表4-9。

表4-9　舟山海岛生物生态旅游资源

类型	类别	定海区	普陀区	岱山县	嵊泗县	合计
隶树木(CA)	CAA		3			3
	CAB	1	2			3
	CAC		5	3		8
花卉地(CC)	CCB	1	2			3
野生动物栖息地(CD)	CDC	1				1
合计		3	12	3		18

4.2.4　天气与气象生态旅游资源

依据国家标准,天气与气象类旅游资源隶光现象(DA)、天气与气象现象(DB)2 个亚类,日月星辰观察地等 8 个基本类型。舟山海岛生物旅游资源有天气与气象旅游资源类的 2 个亚类,5 个基本类型。天气与气象旅游资源单体共有 17 个,主要集中在岱山县、普陀区和嵊泗县。基本类型有 8 个(DAA)日月星辰观察地、4 个(DAC)海市蜃楼现象多发地、2 个(DAB)光环现象观察地、2 个(DBD)极端与特殊气候显示地和 1 个(DBE)物候景观地等。舟山气候宜人,常年气温在 16～17℃度之间,气象与气候宜人,其气象与气候旅游资源,主要体现在舟山海岛多年的气压、气温、湿度、风、降水、日照等的大气物理现象的综合,包括平均状况和极端状况的气候,大气中有各种各样的光现象、声现象和电现象等给舟山列岛带来了奇妙的气象景观。舟山海岛气候天象,千变万化,气象景观、气候资源与岩石圈、水圈、生物圈旅游资源景观相结合,再加上人文景观旅游资源的点缀,就构成了丰富多彩的气候天象旅游资源。有长时间保持的大气物理状况,如宜人的气候资源,美丽的海岛景观,短时间的雨景、云雾景、明月、日出、云霞、幻景等和偶然发生的佛光、海市蜃楼、雾凇、雨凇等气象景观。也会产生高低、孤立、分散、明淡波浪起伏的云条、云块、云海,波澜壮阔。见表 4－10。

表 4－10　舟山海岛天气与气象生态旅游资源

类型	类别	定海区	普陀区	岱山县	嵊泗县	合计
隶光现象(DA)	DAA		2	2	4	8
	DAB			2		2
	DAC		2	2		4

续表

类型	类别	定海区	普陀区	岱山县	嵊泗县	合计
天气与气象现象(DB)	DBD			2		2
	DBE			1		1
合计			4	9	4	17

4.2.5 遗址遗迹生态旅游资源

依据国家标准,遗址遗迹类旅游资源隶史前人类活动场所(EA)、天气与气象现象(EB)2 个亚类,人类活动遗址等 12 个基本类型。舟山海岛遗址遗迹旅游资源有遗址遗迹旅游资源类的 2 个亚类,7 个基本类型。遗址遗迹旅游资源单体共有 59 个,旅游资源的空间分布,主要集中在普陀区和定海区。基本类型主要有(EBC)废弃寺庙 19 处、(EAA)人类活动遗址 12 处、(EBB)军事遗址与古战场 9 处、(EBA)历史事件发生地 8 处、(EBE)交通遗址 6 处,还有(EAB)文化遗址 3 处和(EBH)烽火台遗址等 2 处。见表 4-11。

表 4-11　舟山海岛遗址遗迹生态旅游资源

类型	类别	定海区	普陀区	岱山县	嵊泗县	合计
隶史前人类活动场所(EA)	EAA	8			4	12
	EAB			3		3
社会经济文化活动遗址遗迹(EB)	EBA	1	3	1	3	8
	EBB	4	4		1	9
	EBC	1	18			19
	EBE	2	4			6
	EBH	2				2
合计		18	29	4	8	59

4.2.6　建筑与设施生态旅游资源

依据国家标准,建筑与设施类旅游资源隶属综合人文旅游地、单体活动场所、景观建筑与附属型建筑、居住地与社区、归葬地、交通建筑、水工建筑等 7 个亚类,人类活动等 49 个基本类型。舟山海岛建筑与设施类有 38 个基本类型,占国家标准的 77.55%,旅游资源单体共有 511 个。主要集中在普陀区、定海区和岱山县,由于嵊泗人口少,土地面积小,此类资源相对较弱。基本类型主要有宗教与祭祀活动场所(如普陀山的一些寺、庵、庙等);公园、园林休憩区域;桃花岛景区(如桃花寨、黄药师山庄、影视拍摄基地等)文化活动场所;陈列馆、博物馆;碑林;摩崖字画;佛塔;特色街港;水库观光休憩等。见表 4-12。

表 4-12　舟山海岛建筑与设施生态旅游资源

类型	类别	定海区	普陀区	岱山县	嵊泗县	合计
隶综合人文旅游地(FA)	FAA	10	3	1		14
	FAB	10	8	11		29
	FAC	19	59	34	10	122
	FAD	5	7	2	1	15
	FAE	6	8	9		23
	FAF	8	15	9	15	47
	FAG			1	1	2
	FAH		2	1		3
	FAI		1	1		2
	FAK	1		1		2

续表

类型	类别	定海区	普陀区	岱山县	嵊泗县	合计
单体活动场馆（FB）	FBB	4	15		1	20
	FBC	1	5		1	7
	FBD		1			1
	FBE		2			2
景观建筑与附属型建筑（FC）	FCA		4	2		6
	FCB		1	3	2	6
	FCC	2				2
	FCF		1			1
	FCG		5	1	10	16
	FCH	2	9	3	6	20
	FCI		2	1		3
	FCK	1	16	8	2	27
居住地与社区（FD）	FDA	11	3	5		22
	FDB	3	6			9
	FDC	2	3	3		8
	FDD	14		4		18
	FDE	1		1		2
	FDG	2	2	3		7
	FDH	2	2			4
归葬地（FE）	FEA	2	3			5
	FEB	1	1	1	1	4
交通建筑（FF）	FFA	7	6		2	15
	FFC	5	7	1	5	18
	FFD		1	1	3	5

续表

类型	类别	定海区	普陀区	岱山县	嵊泗县	合计
水木建筑（FG）	FGA	2	3			5
	FGB	11	1	1		13
	FGD		1	3	2	6
	FGF	1				1
合计		133	202	111	65	511

4.2.7　旅游商品生态旅游资源

依据国家标准,旅游商品类旅游资源隶地方旅游商品(GA)1 个亚类,有菜品饮食类 7 个基本类型。舟山海岛旅游商品类齐全,旅游商品资源单体共有 48 种。其中,旅游资源种类最多的是(GAC)水产品与制品有 24 种,(GAB)农林蓄产品与制品有 11 种,(GAE)传统手工产品与工艺品有 6 种,(GAA)菜品饮食有 4 种。另外,还有中草药材及制品、特色饮食风俗和日用工业品等。见表 4－13。

表 4－13　舟山海岛旅游商品生态旅游资源

类型	类别	定海区	普陀区	岱山县	嵊泗县	合计
隶地方旅游商品（GA）	GAA		2	1	1	4
	GAB	6	2	3		11
	GAC	5	2	1	16	24
	GAD			1		1
	GAE	2	3	1		6
	GAF			1		1
	GAG		1			1
合计		13	10	8	17	48

4.2.8 人文活动生态旅游资源

依据国家标准,人文活动类旅游资源隶人事记录(HA)、艺术(HB)、民间习俗(HC)、现代节庆(HD)4 个亚类,人物等 16 个基本类型。舟山海岛人文活动旅游资源类齐全,人文活动旅游资源类有 4 个亚类,有 13 个基本类型。人文活动旅游资源单体有 77 个。其中,人文活动旅游资源类最多的是(HAA)人物记录 33 个,(HCA)地方民俗与民间礼仪 14 种,7 个(HAB)事件记载、7 种(HCC)民间演艺。另外,还有旅游节、文化节、特色服饰等。见表 4-14。

表 4-14　舟山海岛人文活动生态旅游资源

类型	类别	定海区	普陀区	岱山县	嵊泗县	合计
人文活动记载(HA)	HAA	17	14		1	33
	HAB	4	2	1	1	7
	HAD		1			1
艺术(HB)	HBA	1				1
	HBB	1				1
民间习俗(HC)	HCA	1	1		12	14
	HCB		2			2
	HCC	4	3			7
	HCD				3	3
	HCE		1			1
	HCH				1	1
节庆(HD)	HDA		1			1
	HDB	2	2	1		5
合计		30	27	2	18	77

4.3　舟山旅游资源利用现状

浙江舟山群岛以岛建市，位于杭州湾外缘的东海洋面上，背靠沪、杭、甬等大中型城市群，有明显的区位优势。舟山海岛生态旅游资源丰富，有岛屿 1 390 个，明礁 3 350 多个；大岛屿有较高山峰、丘岗，形成高丘、低丘、平原、滩涂及海域地貌结构；群岛山海生态景观独特，名胜古迹众多，拥有佛教文化景观、山海文化景观、历史军事文化景观和海岛渔俗景观 1 000 余处。“海天佛国”普陀山为国家级风景名胜区和第一批 5A 级景区，“晴沙列岛”嵊泗为全国唯一的群岛型风景名胜区。自 2005 年以来，舟山市先后荣获“中国优秀旅游城市”“中国旅游竞争力百强城市”、“中国海鲜之都”、“中国十大节庆城市”等称号，建立了旅游“吃、住、行、游、购、娱”等要素完整的产业体系和观光、度假等新生态产品体系。

海岛有其自身独特的生态系统，其资源是稀缺的、有限的。海岛生态旅游资源的开发利用在满足广大旅游者需求的同时，大众化的旅游已构成对海岛生态旅游环境污染和破坏。尤其，在开发利用中破坏原生态等方面的问题时有发生，并日趋恶化。

4.3.1　生态环境的破坏

旅游资源特别是自然资源是不可再生的资源，旅游业发展、游客增多、旅游收入年年创收的同时，也给景区生态环境带来了不同程度的破坏。一是开发时忽视了对自然资源的有效保护，造成了一些自然景区生态环境的破坏。海域或陆域经济发展对旅游环境的破坏，如修路、造房、填海修堤坝、开山取石等工程；海岛经济发展对旅游环境的破坏，如水产养殖、捕捞作业和船运等。景区开发中对旅游环境的破坏，如一些景区只顾眼前即得利益，乱修乱建，甚至大修大建，严重破坏了景区的自然风光。二是由于旅游项目投资主体多元化，对项目评估缺乏科学的评估体系，出现盲目开发又不注意维护和保护所处环境和舟山海岛资源的特色，使自然海岛风景城市化，建筑风格与舟山环境及景观的不协调。

4.3.2 环境污染日益严重

旅游发展依赖于环境，近几年舟山陆源污染直接影响到海水质量；海域污染来源于工业废水，生活污水，海水中石油、氮、磷等有机物，农业的化肥，海水的养殖等。这些污染也是造成赤潮频繁暴发的主要原因。另外，白色污染随着潮流在沙滩、礁滩、泥涂上堆积，乱石堆到处可见，海面上也有漂浮的垃圾与废弃物，直接影响着舟山旅游业的形象。

4.3.3 粗放开发和盲目利用

海岛旅游发展缺乏旅游景区整体设计与规划。在景区景点的开发利用中，存在明显的趋同性，缺乏特色性，缺乏自然性，盲目开发，盲目建设，既破坏了海岛稀缺的旅游资源，又不能体现海岛景区的独特魅力和价值。一是部分或局部存在着小、散、重的现象，各县、区旅游景区分布形式散和项目重复设置，而形成旅游产品单一；二是存在已有的旅游资源没有很好地开发与利用，一些特色的自然景观、人文等景观，如马岙古文化遗址，新石器时代遗址，定海老城，渔霸遗址及渔歌、锣鼓、民间跳蚤舞、民间服饰等产品都没有得到很好的开发和利用。

4.3.4 开发利用的短期行为

经济的发展有可能直接或间接地造成对旅游资源和环境的破坏，致使旅游资源利用效率下降。海岛旅游经营者和开发者对海岛旅游资源的开发与利用,存在严重的过度开发,注重眼前的经济利益,使人造景观作为海岛旅游景区发展的主流;忽视了自然景观与人文景观协调,使得海岛原有的自然风貌遭到破坏,海岛独特的旅游资源景观损坏,甚至丧失,其观赏价值大打折扣。

4.4　普陀山景区简介

素有“海天佛国”、“南海圣境”之称的普陀山,与上海、宁波隔海相望,位于杭州湾南缘、舟山群岛东部海域,在舟山群岛东部海域。南北长 8.6 千米,东西宽 3.5 千米,陆域面积 12.5 平方千米,海岸线总长 30 千米;岛上最高处位于中部的佛顶山,海拔 288.2 米,普陀山整体呈菱形状。山体向四面延伸,西面为茶山,北面为伏龙山,东面为青鼓垒山,东南方向有锦屏山、莲台山、白华山,西南方向有梅岑山;山连山,连绵起伏,如遨游东海之蛟龙。普陀山是中国佛教四大名山之一、国务院首批的国家级重点风景名胜区,AAAA 级国家旅游区,是全国著名的观音道场,史称“震旦第一佛国”、“第一人间清净地”。普陀山主要有 3 大寺、88 庵、128 茅蓬,4 000 余僧侣;有百年以上树木 66 种,1 221 株。不仅有千年古樟,还有我国特有的珍稀濒危物种、被列为国家一级保护植物的普陀鹅耳枥。

4.4.1　地质地貌

普陀山地质属古华夏褶皱带浙东沿海地带,形成于 1.5 亿年前侏罗白垩纪,燕山运动晚期的侵入花岗构成岩石基础。其地貌因受第三纪新构造运动地壳间歇上升及第四纪冰期、间冰期海蚀作用影响,可分为山地、海蚀海积阶地、海积地、海蚀地区类。山地:海拔 200 米以上低山区面积约 0.24 平方千米,占岛屿总面积的2%，其余的为丘陵地。坚硬的花岗岩在漫长的地质年代中经风化侵蚀，沿垂直高角度切节理发育，四周山体崩塌，形成众多孤峰突兀的风景地貌。海蚀、海积阶地：全岛完整地保存着五级海蚀阶地和三级海积阶地，其面积占全岛总面积90%，其中四、五级海蚀阶地呈浑圆状，构成岛上主要山脊。海积地：岛四周由于水动差异，沉积物分布不同，东北海岸水动力强，涌浪直逼滩面，沿岸以沙滩、砾石滩为主；西南海岸水动力弱，潮间带堆积大量由长江供给的淤泥，形成宽阔的泥滩。沙滩：全长约5.17千米，占全岛海岸线的22%，分布为岛北后岙沙、虎沙，岛东飞沙岙、千沙沙、百步沙，岛南金沙等。沙质自岸向海由粗而细，潮间带以下转为泥质。砾石滩：全长约3.23千米，占全岛岸线14.3%，分布岛西北大水浪、冈墩北海岸及飞沙岙东南祥庵沿岸一带，呈带状嵌镶在海湾内。泥滩：全长约4.2千米，占全岛总岸线20%，分布在岛南短姑道头至风洞嘴，岛西风洞嘴至六峤山嘴等波浪潮流较弱区域，由长江口、浙江沿岸潮流中的悬浮物在波隐区回淤沉积而成。海蚀地：在潮汐、潮流、波浪作用下，形成海蚀洞穴，逐步扩大为海蚀巷道、海蚀壁龛、海蚀崖、海蚀平台，构成基岩岸线，全长9.9千米，占全岛总海岸线的44%。海蚀崖、海蚀平台：分布在岛四周，犹以北部、东部较发育，崖壁高十几米。海蚀洞穴、海蚀巷道：分布于海蚀崖脚，由于涌浪冲击，海蚀洞穴逐渐扩大为海蚀巷道，潮音洞、梵音洞以及西方庵前的海蚀巷道均为典型代表。

4.4.2 气候

属亚热带海洋性季风气候区，四季分明，夏无酷暑，冬无严寒，气候湿润，季风明显，雨量流沛，光照充足。年平均气温16.1℃。最热为8月份，月平均最高气温27℃，最冷为1月份，月平均最低气温5.5℃。降水：年降水量一般在900～1 300毫米间。春夏两季占全年降水量60%～65%，秋冬两季占全年降水量35%～

40%,降水主要集中在 3—4 月份春雨期和 5—6 月份梅雨期,8—9 月份因台风影响降水亦较多。风:季风明显,4 月份由偏北风向偏南风转换,5—8 月份多为东到东南风,9 月由偏南风向偏北风转换,10 月至次年 3 月多为北到西北风。特异气象:海市蜃楼。海市蜃楼为本山特有之奇观,历史上曾多次出现。古人诗文常有提及,如:“楼沾蜃气全疑湿,潮落沙痕半未残”、“潮声远送疏钟断,蜃气轻浮宝锡飞”。

4.4.3　土壤

全山土地总面积 1 300 余公顷(19 735 亩),其中土壤面积 1 280 多公顷(19 209 亩),占 97.3%;寺院、居民住房基地近 30 多公顷(430 亩),1.6 公顷水面(24 亩),公路近 5 公顷(73 亩),分别占总面积的 2.2%、0.12% 和 0.38%。按浙江省第二次土壤普查分类,全山土壤归属为红壤、潮土、盐土、水稻土 4 个土类;红壤、黄红壤、浸蚀型红壤、潮土、滨海盐土、渗育型水稻土、潴育型水稻土、盐渍型水稻土 8 个亚类。

4.4.4　植被

全山植被以佛顶山为中心,向四周成环状分布,山坡为灌木草本植物,局部为针叶林和常绿阔叶林、落叶阔叶林,沙丘水滩为兼盐性植物群落,滨海岩壁为海藻群落。据 1991 年海岛植被资源调查,全岛植被面积 860 多公顷(12 972 亩),覆盖率 70.2%,为浙江省海岛天然植被、植物资源最丰富的岛屿之一。全岛植被可划为 10 个一级、17 个二级和 36 个三级分类单位。繁茂的植被给普陀山带来丰富的植物资源。据普查,全山有野生维管束植物 128 科,近 900 种。其中蕨类植物 19 科,50 种;裸子植物 7 科,14 种;被子植物 102 科,800 余种;苔藓植物 80 类,41 科,118 种。属国家保护植物有普陀鹅耳枥、普陀樟、舟山新木姜子、海滨木槿、全缘冬青、珊瑚菜、寒竹(观音竹)等10余种。

4.4.5 景点景观

普陀山三寺:普济禅寺(前寺)、法雨禅寺(后寺)、慧济禅寺(佛顶山寺)并称为普陀山三大禅寺,架构着普陀山观音道场。普陀山三宝,亦称佛国三宝:指九龙藻井、杨枝观音碑、多宝塔(太子塔)。普陀山三石:磐陀石、心字石、二龟听法石。普陀山三洞:朝阳洞、潮音洞和梵音洞。普陀山十二景:莲洋午渡、短姑圣迹、梅湾春晓、磐陀夕照、莲池夜月、法华灵洞、古洞潮音、朝阳涌日、千步金沙、光熙雪霁、茶山夙雾、天门清梵。

景点详情,参见“附录A.3　普陀山景点景观说明”。

4.4.6 民风民俗

观音文化节:观音文化节是普陀山最盛大的旅游节庆,始创于2003年,每年举办一届;以海天佛国深厚的观音文化底蕴为依托,以弘扬观音文化、提升名山文化品位为目标的佛教旅游盛会。普陀山之春旅游节:是融群众娱乐、游客参与为一体的互动性大型旅游娱乐文化活动,于1990年首创,每年举办一届。三大观音香会:每年农历二月十九、六月十九、九月十九,是普陀山观音三大香会期,相传这三天分别为观音诞辰日、观音得道日、观音出家日。此外,还有每年习俗的清明节、端午节、中秋节、元宵节、春节、重阳节等。

4.5 小结

舟山地处泛太平洋海域,当地旅游资源丰富,类型齐全,分布广泛,气候独特,适合于旅游业的发展,尤其是生态旅游业的发展。旅游业对海岛舟山经济发展做出的巨大贡献,并有强劲的发展势态。本章对舟山群岛新区生态旅游资源的调查结果进行分析,并与 2004 年 9 月李隆华教授舟山市旅游资源普查结果进行了比较:从 2004—2010 年的 6 年,舟山海岛旅游资源单体新增 231 个,消失 7 个。新增资源单体主要集中在:普陀区新增 83 个、嵊泗县新增 80 个、定海区新增 54 个、岱山县新增 14 个。在新增的 231 个旅游单体中,涵盖了 7 个主类、17 个亚类,以及 45 个基本类型,主要以开发利用建筑与设施、地文景观和人文活动为主。其中,遗址遗迹 14 处、水域风光 9 处、天气与气象景观 5 处、生物景观 2 处。消失的 7 个旅游单体,主要是休闲娱乐场所的消失,海岛文化节庆的终止。以上数据为本研究打下基础和铺垫,为浙江舟山群岛新区旅游资源的规划和科学开发利用提供了基础依据。

第 5 章 舟山海岛的旅游环境评价

5.1 海岛的环境模型

为了便于对海岛环境污染的量化分析,在这里对海岛的实际分布情况进行了简化。将海岛近似为一个以 r 为半径的圆,圆面积是各岛屿面积的总和。根据岛屿分布及人类活动的范围,将海域近似为一个以 R 为半径的外圆,环形海域面积是岛屿人们主要活动的海域面积的总和。以舟山海岛为例,岛屿的分布和人口居住情况,可参见“附录 A.1 舟山群岛分布”。

海岛的大气环境可近似模拟为一个封闭的圆柱体,高为 H,半径为 R。污染的源头(污染中心)位于内圆的海岛,污染物的浓度从污染中心向圆柱体的边界以一定的梯度向外递减。污染物由圆柱内向外扩散的部分,近似地折算到环境的自身净化能力中;而由圆柱体外界向里渗透的污染物,就不得不折算为海岛自身排放量的一部分。

海岛的海域污染环境可近似模拟为一个封闭的环形圆柱体,平均水深为 D,内半径 r,外半径为 R。污染的源头(污染中心)位于内柱体的海岛,污染物的浓度从污染中心向外圆柱体的边界以一定的梯度向外递减。污染物由模型向外扩散的部分,近似地折算到环境的自身净化能力中;而由模型外向里渗透的污染物,就不得不折算为海岛自身排放量的一部分。

模型中参数 R,可以根据实际分析的需要,对于大气环境、海域环境分别取不同的数值(见图 5-1)。

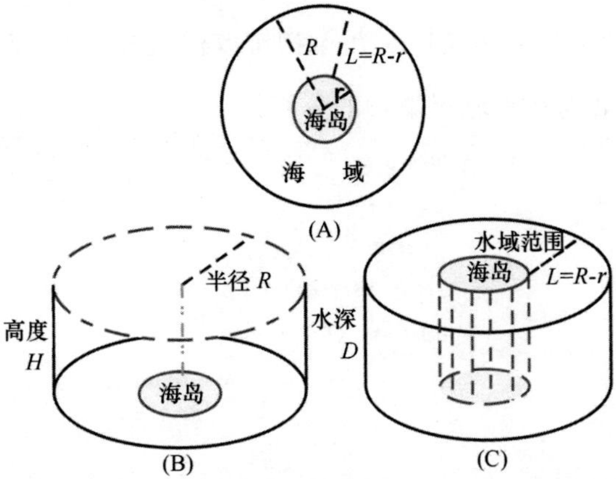

(A) 海岛平面模型　(B) 海岛大气环境模型　(C) 海岛海域环境模型

图 5 - 1　舟山海岛环境模型

5.2　环境污染建模

这里主要考虑的是存量损害型污染，即污染物的排放速率超过了环境自身的净化能力。假定污染物存量随时间的变化可由微分方程表示：

$$\dot{A}_t = \frac{dA}{dt} = E_t - \alpha A_t \qquad (5-1)$$

其中，E_t：在 t 时点的排放量；

A_t：在 t 时点的存量；

α：环境自身的净化系数，$(0 \leqslant \alpha \leqslant 1)$。

为了简化模型，假设每年污染物的排放量 E 是从年初到年尾连续均匀的排放；污染物的存量 A 是在年初测量计算的，则当年污染物存量的平均值为$\left(A + \frac{E}{2}\right)$；每年被环境自身净化的污染物

为 $\alpha\left(A+\frac{E}{2}\right)$,($0\leqslant\alpha\leqslant1$)。污染物排放模式如图 5－2 所示,适用于大气污染物和水域污染物的分析。

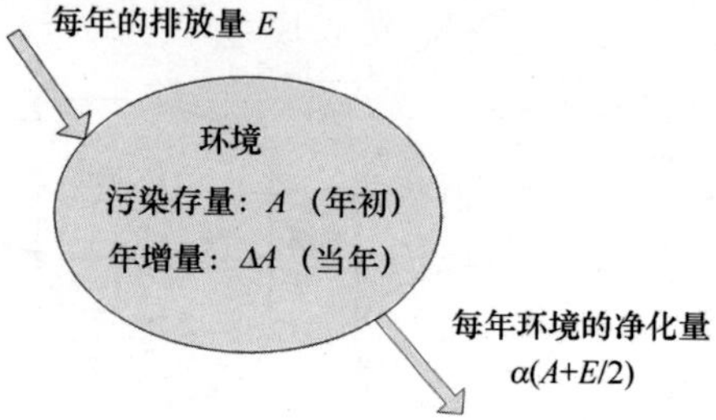

图 5－2　存量损害型污染的示意图

每年污染物的增量:

$$\Delta A = E - \alpha\left(A + \frac{E}{2}\right) \tag{5-2}$$

$$E = eN_{TR} \tag{5-3}$$

其中,N_{TR}:人口总数

e:人均排放量

将公式(3－3)和公式(5－3)代入公式(5－2),整理可得:

$$\Delta A = (\beta_0 y - \beta_1 y^2) N_{TR}\left(1 - \frac{\alpha}{2}\right) - \alpha A \tag{5-4}$$

对公式(5－4)展开并整理,可得:

$$\Delta A = -\alpha A + \beta_0\left(1 - \frac{\alpha}{2}\right)(yN_{TR}) - \beta_1\left(1 - \frac{\alpha}{2}\right)(y^2 N_{TR}) \tag{5-5}$$

$$\Delta A = -\alpha A + \beta_0\left(1 - \frac{\alpha}{2}\right)Y - \beta_1\left(1 - \frac{\alpha}{2}\right)\frac{Y^2}{N_{TR}} \tag{5-6}$$

其中,$Y = GDP = yN_{TR}$:每年的生产总产值(GDP)。

对公式(5－6),令:

$$b_1 = -\alpha \qquad z = \Delta A$$

$$b_2 = \beta_0\left(1 - \frac{\alpha}{2}\right) \qquad x_1 = A$$

$$x_2 = Y$$

$$b_3 = -\beta\left(1 - \frac{\alpha}{2}\right) \qquad x_3 = \frac{Y^2}{N_{TR}}$$

可得三元线性方程：

$$z = b_1x_1 + b_2x_2 + b_3x_3 \tag{5-7}$$

由一组样本数据($\Delta A^0, A^0, Y^0, N_{TR}^0$)，…，($\Delta A^k, A^k, Y^k, N_{TR}^k$)，经三元线性回归分析求解，可得线性方程系数($b_1, b_2, b_3$)的估计值：($\hat{b}_1, \hat{b}_2, \hat{b}_3$)。

环境的净化系数：$\hat{\alpha} = -\hat{b}_1$

EKC 方程系数：$\hat{\beta}_0 = \dfrac{2\hat{b}_2}{2+\hat{b}_1}, \beta_1 = \dfrac{-2\hat{b}_3}{2+\hat{b}_1}$

EKC 的曲线方程：$e = \hat{\beta}_0 y - \hat{\beta}_1 y^2$

EKC 曲线拐点的坐标：$\left(\dfrac{\hat{\beta}_0}{2\hat{\beta}_1}, \dfrac{\hat{\beta}_0^2}{4\hat{\beta}_1}\right)$

见图 5－3。

样本数据($\Delta A, A, Y, N_{TR}$)中的(Y, N_{TR})数据可直接获取，而污染物的存量 A 和增量 ΔA 数据需要做相应的假设和计算得到。

5.2.1　污染物的存量计算

大气和海域的环境模型如图 5－1(B)和(C)所示，近似为一圆柱体；为此污染物的密度函数采用三维极坐标表示。令污染物密度为 $f(r,\theta,z)$，如图 5－4 所示。

1)大气环境的污染物存量 A_{air}

将海岛的大气环境模拟为一个封闭的圆柱体，污染物的密度

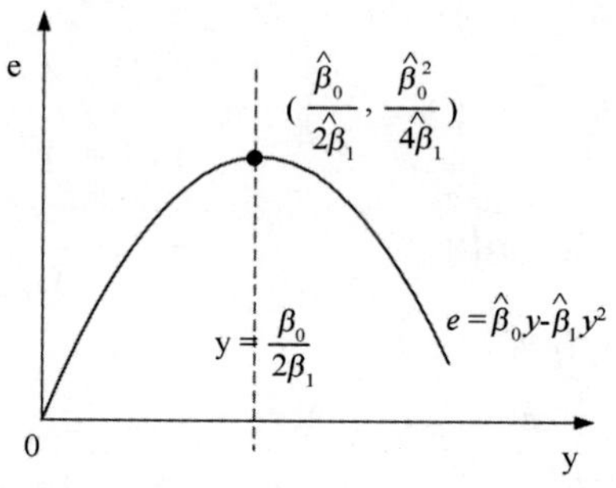

图 5－3　经样本数据估计得到的 EKC 曲线

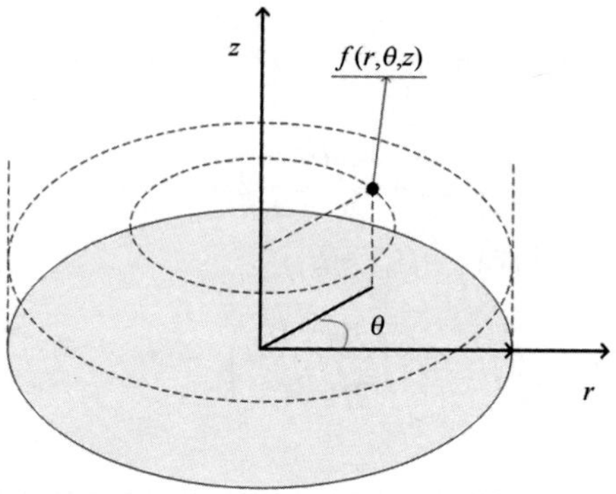

图 5－4　污染物的密度分布示意图

函数 $f_{air}(r,\theta,z)$，r 的取值 $[0, R]$、θ 的取值 $[0, 2\pi]$、z 的取值 $[0, H]$。

$$A_{air} = \int_0^H \int_0^R \int_0^{2\pi} f\,air(r,\theta,z)\,r dr d\theta dz \qquad (5-8)$$

2）海域环境的污染物存量 A_{ocean}

将海岛的海域环境模拟为一个封闭的环形圆柱体，污染物的

密度函数 $f_{ocean}(l,\theta,z)$，l 的取值[r, R]、θ 的取值[0, 2π]、z 的取值[0, D]

$$A_{ocean} = \int_0^H\int_0^R\int_0^{2\pi} f_{ocean}(l,\theta,z)\, ldld\theta dz \tag{5-9}$$

5.2.2　污染物的增量计算

环境污染物增量 ΔA，由前后年份的存量差值求得。

经公式(5－8)和(59)可计算得到对应年份的存量 A：$A^0, A^1, \cdots, A^i, \cdots, A^k$。

那么，第 i 年份的污染物增量 ΔA：$\Delta A^i = A^{i+1} - A^i$。

5.3　舟山海域环境污染的实证研究

环境模型分析中的大气环境和海域环境的求解是完全相同的，其唯一的区别仅仅是积分半径的取值不同而已。在这里仅以海域环境作为实证研究。

5.3.1　海域污染物存量计算

假定污染物的分布是从海岸向区域边缘均匀分布，在区域外边界处浓度为零；浓度只与距离的远近有关，而与深度无关（即深度方向浓度一致）。设海岸处的污染物浓度为 S_0，则在任意一点(l, θ, z)的浓度：

$$f_S = (l,\theta,z) = S_0 \frac{R-l}{R-r} \tag{5-10}$$

将公式(5－10)代入公式(5－9)求解，可得：

$$A = S_0 \frac{\pi D}{3(R-r)}(R^3 - 3Rr^2 + 2r^3) = S_0 \frac{\pi D}{3L}(R^3 - 3Rr^2 + 2r^3) \tag{5-11}$$

由公式(5－11)可知污染物的存量大小与其自身浓度和环境模型有关。经仿真可知,环境模型的不同主要影响 EKC 曲线的峰值(顶点位置的高低),对横轴截距的影响很小(β_0/β_1 的比值近似不变)。

由"附录 A.1　舟山群岛分布"可知舟山群岛的分布和区域面积,为了便于模型分析,对岛屿的分布做了如下的简化假定。中心陆地面积(圆形)是 1 440.12 平方千米,等效半径 $r=21.41$ km;区域总面积是 2.22 万平方千米,等效半径 $R=84.06$ km;环形海域距离 $L=62.65$ km;平均水深 20 m。

$$A = A_0 \times 166.484 \times 10^9 \qquad (5-12)$$

海域污染物的浓度,参见"附录 B.2　舟山市环境检测数据"。分别求得各年份污染物的存量和增量(见表 5－1)。

表 5－1　海域污染物的存量和增量(千吨)

年份	活性磷酸盐		无机氮		石油类	
	存量	增量	存量	增量	存量	增量
2001	7.824 75	1.331 87	158.159 80	－8.324 20		
2002	9.156 62	－2.164 29	149.835 60	－16.648 40	6.159 91	－1.498 36
2003	6.992 33	－1.664 84	133.187 20	－46.615 52	4.661 55	－1.664 84
2004	5.327 49	－0.332 97	86.571 68	－11.653 88	2.996 71	5.327 49
2005	4.994 52	0.000 00	74.917 80	58.269 40	8.324 20	0.166 48
2006	4.994 52	－0.332 97	133.187 20	3.329 68	8.490 68	0.665 94
2007	4.661 55	－1.498 36	136.516 88	1.664 84	9.156 62	－5.826 94
2008	3.163 20		138.181 72		3.329 68	

将上述的样本数据结合"附录 B.4　舟山地区 GDP 及人均 GDP",分别代入公式(5－6)做线性回归,可求得各自的 EKC 曲线。其中,GDP 应选用经 CPI 调整的数据,统一以 2010 年的货币为基准。

5.3.2　活性磷酸盐 – EKC

见表 5 – 2。

表 5 – 2　活性磷酸盐 – EKC 的多元线性回归

变量	多元线性回归			
	系数	标准差	t	p
b_1	– 0.250	0.343	– 0.728	0.507
b_2	1.16E – 006	0	0.555	0.609
b_3	– 2.7E – 011	0	– 0.617	0.571

注：拟合优度 = 0.368。

环境的净化系数：$\alpha = 0.25$

EKC 方程系数：$\beta_0 = 1.325\ 7e-006$

$\beta_1 = 3.085\ 7e-011$

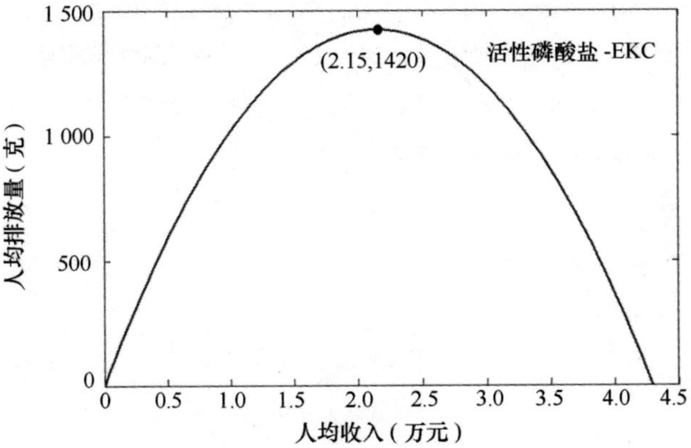

图 5 – 5　活性磷酸盐的 EKC 曲线

图 5 – 5 为活性磷酸盐的 EKC 曲线。经模型回归，得知 25%

的活性磷酸盐被环境自身净化，在人均 GDP 等于 2. 15 万元时，达到人均排放量的最高峰 1. 42 千克。

5. 3. 3　无机氮 – EKC

表 5 – 3　无机氮 – EKC 的多元线性回归

变量	多元线性回归			
	系数	标准差	t	p
b_1	– 0. 402	0. 295	– 1. 363	0. 244
b_2	2. 19E – 005	0	0. 728	0. 507
b_3	– 1. 9E – 010	0	– 0. 306	0. 775

注：拟合优度 = 0. 409。

环境的净化系数：$\alpha = 0.402$

EKC 方程系数：$\beta_0 = 2.7409e-005$

$\beta_1 = 2.2780e-010$

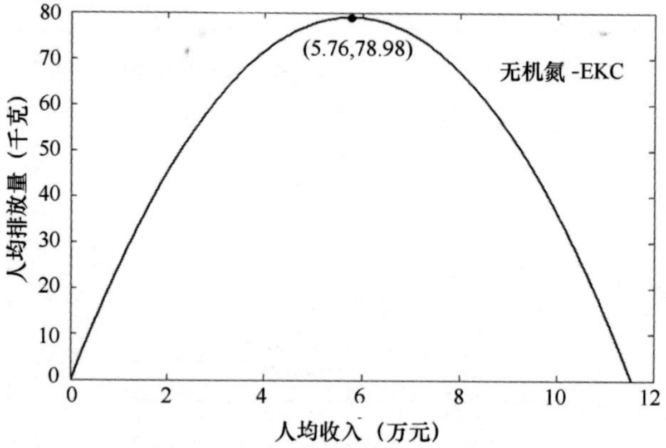

图 5 – 6　无机氮的 EKC 曲线

经模型回归，得知 40. 2% 的无机氮被环境自身净化，在人均 GDP 等于 5. 76 万元时，达到人均排放量的最高峰 78. 98 千克（图 5 – 6）。

5.3.4　石油类 - EKC

表5-4　石油类-EKC的多元线性回归

变量	多元线性回归			
	系数	标准差	t	p
b_1	-1.192	0.849	-1.405	0.255
b_2	4.57E-006	0	1.745	0.179
b_3	-6.6E-011	0	-1.303	0.283

注：拟合优度=0.560。

环境的净化系数：$\alpha=1.192$

EKC方程系数：$\beta_0=1.131\ 2e-005$

$\beta_1=1.633\ 7e-010$

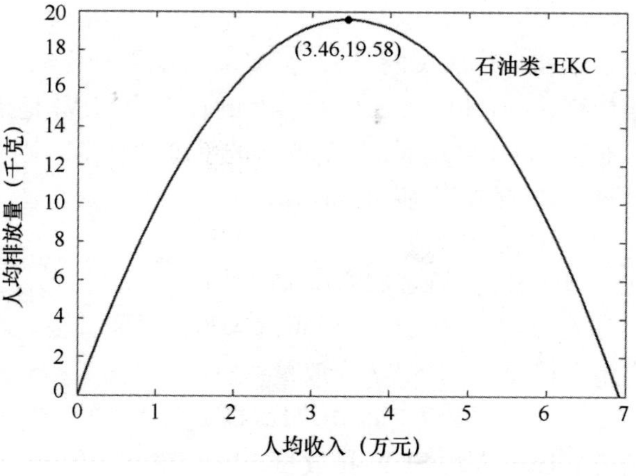

图5-7　石油类的EKC曲线

表5-4显示环境净化系数大于1，可解释为石油类污染物时常会有石油泄露发生，使得实际测得的存量远大于对应GDP生产

的排放量(图5-7)。可能泄露的原因是:附近海域有多个炼油厂或过往的船只等。

5.4 舟山城市固态垃圾人均排放量

这里仅以2009年舟山市的两个主要城区(定海区和普陀区)数据为依据,计算日人均的SUW排放量。

表5-5 2009年定海区和普陀区的SUW

2009年	固态垃圾(万吨)	常住人口(万人)	旅游(万人次)
定海区	11.27	37.52	302.23
普陀区	8.39	32.13	756.88
共计	19.66	69.65	1 059.11

假定游客和常住居民的日人均SUW数量是一样的,且按365天为一年计算,每月30天。其中,游客的日人均SUW是指一个游客在景区滞留一天(平均时间)所产生的平均垃圾量。则有,

居民日人均SUW排放量:$SUW_{dAR} = \frac{\text{年}SUW\text{总量}}{\text{常住人口}\times 365+\text{游客旅游次数}}$

居民月人均SUW排放量:$SUW_{mAR} = 30 \times SUW_{dAR}$

舟山市居民日人均SUW排放量:

$$SUW_{dAR} = 742.41\ g \tag{5-13}$$

舟山市居民月人均SUW排放量

$$SUW_{mAR} = 22.272\ kg \tag{5-14}$$

5.5　小结

本章通过对海岛环境的理想化建模,结合环境库兹涅茨曲线对舟山地区污染物的人均排放做了量化的分析。在模型中,假定污染物的污染是存量损害型,污染物的排放均与当地 GDP 产值有关,对污染物的环境净化取决于自身的存量和环境净化系数。该模型适用于海域环境和大气环境的量化分析。

在该模型中,污染物的存量大小与其自身浓度和环境模型有关。经数据仿真可知:环境模型假设的不同主要影响 EKC 曲线的峰值(顶点位置的高低),但对横轴截距位置的影响很小(β_0/β_1 的比值近似不变);横轴截距位置主要取决于污染物浓度的走势(按年份排列)。

在实证分析时,选取了三种不同的海域污染物:活性磷酸盐、无机氮和石油类。在回归计算时,所有年份的 GDP 和人均 GDP 都作过 CPI 的调整,且以 2010 年的物价为基准。以 2010 年舟山地区人均 GDP 5.65 万元为参考,对实证回归的结果作简单的分析:ⓐ 活性磷酸盐的环境净化系数为 0.25,β_0 和 β_1 分别为 1.33E－6 和 3.09E－11,在人均 GDP 等于 4.25 万元时人均排放量为 0; ⓑ 无机氮的环境净化系数为 0.40,β_0 和 β_1 分别为 2.74E－5 和 2.38E－10,在人均 GDP 等于 11.52 万元时人均排放量为 0;ⓒ 石油类的环境净化系数大于 1,可能的原因是石油类污染物时常会有泄露发生,使得实际测得的存量数据远大于 GDP 产值的排放量。

最后,以 2009 年舟山市的两个主要城区(定海区和普陀区)固态垃圾年排放量数据为依据,计算得到居民的日人均的固态垃圾(SUW)排放量为 742.41 克。

第6章　生态旅游资源的评价及其配置

6.1　生态景区评价模型

为了对生态景区资源的利用作出有效的评价，在此选用了四种方法从不同的角度进行分析，并对景区的综合治理效果给出评价的方法及流程，且为来年（或是未来年份）的景区状况给出合理理性的预测。见图6－1。

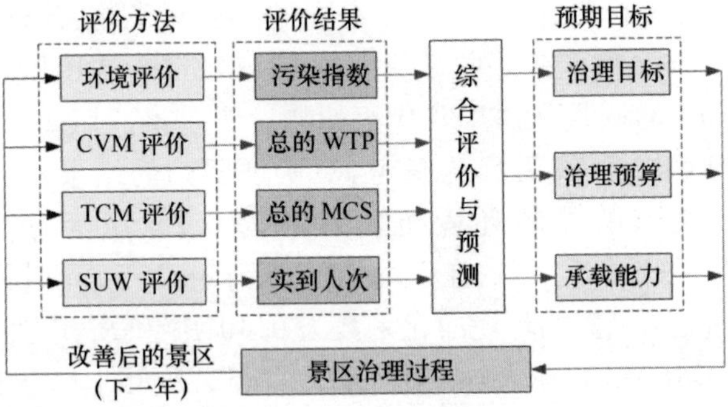

图6－1　生态景区评价模型

6.1.1　景区环境评价

将环境监测的各项指标指数量化后，进行建模，并求解旅游业绩单位收入的污染指数及单位环境指数的净化成本。生态景区的不可分割性决定了在未拥挤的情况下向游人开放的边际成本为零,同时游人的到来对环境产生了外部不经济。为使生态景区外部成本内部化,确定了景区供给的转移税率,并区分免费景区和收费景区两种情况。

6.1.2　景区 CVM 评价

通过向游人的问卷调查,获取游客对景区的支付意愿(WTP),分为支付卡式的连续建模和二分式的离散建模。回归分析模型有线性回归、半对数回归,以及 Logit 回归。通过模型得到 WTP 的估计值,可以反映出游客对景区环境质量改善状况的价值认可。

6.1.3　景区 TCM 评价

通过游客到景区的旅行成本构建景区的需求曲线,并按游客始发地的远近依次分为五个区域。在得到分段折线的需求曲线基础上,进一步拟合成连续光滑的需求曲线,更有利于经济微观分析。同时给出总消费者剩余的解析求解。

6.1.4　景区 SUW 评价

对 SUW 统计量的计算,可以得到景区的官方旅游压力指数和修正后的实际旅游压力指数。结合普陀山的实际,做进一步的建模,将实际到访人次细分为:官方统计的旅游人次、留宿游客人次、非景区的本地人到访人次。对来年(或是未来年份)的实际到访人次的预测,给出预算方法。

6.1.5　景区综合评价

在分析生态景区资源有效配置的前提下,给出了生态景区的客观评价流程和主观评价流程。客观评价流程是以实际的环境监测数据和SUW统计量为依据,对景区环境的治理效率给出客观的判断。主观评价流程是以问卷调查的结果为基础,判断景区的客源市场有无变动;以及通过对不同年份WTP的环比,判断游客对环境质量状况和配套服务价值是否认可。

6.1.6 景区理性预测

对来年(或是未来年份)做出合理的理性预测,分别从预期治理投入、预期旅游收入、预期旅游人次预算生态景区的实际到访人次、旅游压力指数,以及旅游总收入/旅游总人次、治理总投入/旅游总人次、旅游总收入/治理总投入。

6.2 景区环境评价

旅游业的发展必然会对景区的周边环境产生一定的影响,从总体来看景区的污染物主要来源于人们的日常行为,涉及大气环境、水域环境,以及垃圾等固态废弃物。下文将以普陀山景区为例,普陀山四周环海是一座较为孤立的岛屿,只考虑旅游业自身对岛屿的影响(暂不考虑从岛屿周边渗入的污染源);其地形和景点的分布,可参见“附录A.2 普陀山景点”。

大气污染物的主要来源有,一是景区内交通工具(汽车、渡轮)排放的尾气;二是服务业(如餐饮、宾馆等)排放的炉火废气;三是游客进香产生的烟气,还有当地居民日常生活所排放的烟气。

海域污染物的主要来源有,一是过往船只(渡轮、客轮)所排放的废水、废渣、油污;二是岛内服务业所排放的污水、废水;三是当地居民日常起居所排放的生活污水。

垃圾等固态废弃物主要取决于入园游客的数量,同时与游客的文明行为有较大的关系;固态废弃物的有机含量相当高,若处理不当,极易滋生细菌和病毒等。

此外,还有因旅游业的发展而带来的存流量型,如噪声污染、光污染等。

6.2.1 景区环境指标指数化

对于旅游业自身给环境带来的污染看,都可以通过技术手段或是替代方案找到合理的解决方法。例如景区内的交通工具可以选择电容式或是燃烧电池为动力的车辆,其排放物只是热能和水;服务业和居民的起居的燃料可选用清洁能源;废水、污水集中净化处理后再排放;固态垃圾集中处理等。

可将景区的环境(污染)指标按照单位净化处理成本的高低进行加权量化,单位净化成本高的其权重值也高,而单位净化成本低的其权重值也相应的低。假设景区环境监测得到的各污染物(Pollutant)的数值(浓度或是存量)依次为,其对应净化成本的量化权重为。可将各项环境监测指标指数化(存量),如图6-2所示。

$$Index_A = \sum_{i=1}^{K} P_i W_i \tag{6-1}$$

若每年设定的人工净化指标值为,则每年需人工净化的指数为:

$$Index_1 = \sum_{i=1}^{K} \Delta P_i W_i \tag{6-2}$$

假设单位指数的货币化处理成本为 C,则当年的环境净化投入成本是:

$$TC = index_1 C \tag{6-3}$$

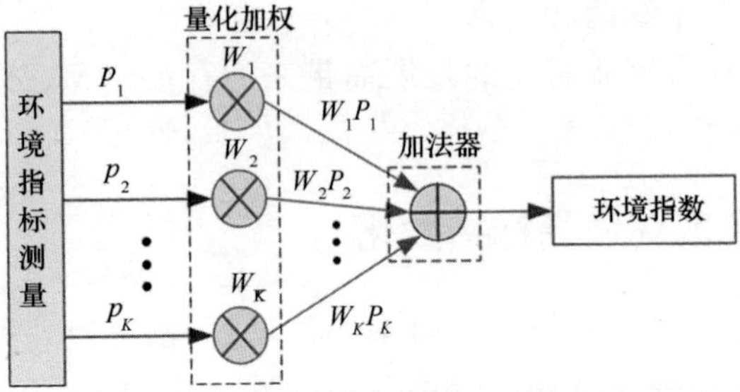

图 6－2　环境指标指数化

6.2.2　景区环境指数化建模

在环境污染指标指数化的基础上，将旅游业发展施加给环境的影响也采取类似的方法，按旅游业绩收入进行指数化。

$$Index_Y = w_Y Y \tag{6-4}$$

其中，w_Y：单位产值的污染权重；

Y：景区旅游业绩的总收入。

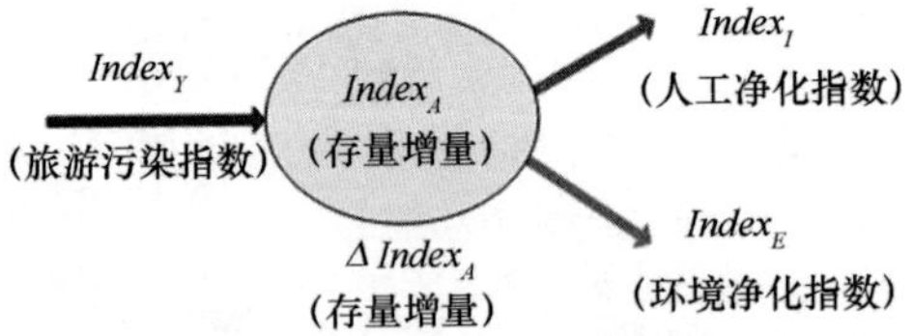

图 6－3　环境指数示意图

$$Index_Y = Index_1 + Index_E + \Delta Index_A \tag{6-5}$$

假定存量指数 A 是在每年的年末测量计算（每年的旅游数据最早要在年末才能统计得出），且旅游业对环境施加的污染是连续均匀的，则当年的存量指数可取其平均值（$Index_A - \frac{Index_Y}{2}$）。环境净化指数 $Index_E$ 与存量指数是线性关系。

$$Index_E = \gamma\left(Index_A - \frac{Index_Y}{2}\right),(0 \leqslant \gamma \leqslant 1) \qquad (6-6)$$

将公式(6－3)、(6－4)、(6－6)代入公式(6－5)，整理的：

$$\Delta Index_A = -\gamma Index_A + w_Y\left(1 + \frac{\gamma}{2}\right)Y - \frac{1}{C}TC \qquad (6-7)$$

其中，$\Delta Index_A$：污染指数的增量；

$Index_A$：污染存量指数；

γ：环境指数的净化系数；

w_Y：单位产值的污染指数；

Y：当年旅游业绩的总收入；

TC：当年环境治理的总投入；

C：单位指数的治理成本。

对公式(6－7)，令

$$b_1 = -\gamma \qquad z = \Delta Index_A$$

$$b_2 = w_Y\left(1 + \frac{\gamma}{2}\right) \qquad x_1 = Index_A$$

$$b_3 = -\frac{1}{C} \qquad x_3 = TC$$

可得三元线性方程：

$$z = b_1x_1 + b_2x_2 + b_3x_3 \qquad (6-8)$$

由样本数据（$\Delta Index_A^0, Index_A^0, Y^0, TC^0$），…，（$\Delta Index_A^k, Index_A^k, Y^k, TC^k$），经三元线性回归分析求解，可得线性方程系数（$b_1, b_2, b_3$）的估计值：（$\hat{b}_1, \hat{b}_2, \hat{b}_3$）。

环境指数的净化系数：$\hat{\gamma} = -\hat{b}_1$

单位指数的治理成本：$\hat{C} = -\frac{1}{\hat{b}_3}$

单位产值的污染指数：$\hat{w}_Y = \frac{2\hat{b}_2}{2 - \hat{b}_1}$

在线性回归时，所用到货币均为经济学上的货币，即实际货币。当具体用到不同年份的货币数额时，应考虑当年的物价指数(CPI)影响。在计算时，应先设定某一年份基准，然后对其他的年份的名义货币做 CPI 调整。

6.2.3 生态景区环境分析

生态旅游的内涵强调对自然景观的保护，强调旅游的可持续性，强调旅游不应以牺牲环境为代价；其内涵决定了生态旅游资源的配置必然是跨期的，在考虑当前利益的同时，更要注重未来时点的效用，即要求资源的配置是代际经济是有效率的。代际有效率要求在当前和未来任何时点的效用都尽可能的高。

从模型角度来看，生态旅游景区要求污染的存量指数维持在一定的水平，而存量的增量指数小于等于零。存量的增量指数小于零，是指人们对环境提出了更高的要求，当前的环境状态应得到进一步的改善。

假定存量指数维持在某一恒定的水平，则其充分必要条件是只要存量的增量为零，则公式(6-5)和(6-7)可以简化为：

$$Index_Y = Index_1 + Index_E \tag{6-9}$$

$$-\gamma Index_A + w_Y\left(1 + \frac{\gamma}{2}\right)Y - \frac{1}{C}TC = 0 \tag{6-10}$$

因为存量指数 $Index_A$ 是恒定的，令 $Index_A = Index_{A0}$，则公式(6-10)可整理得：

$$TC = -(\gamma C)Index_{A0} + w_Y C\left(1 + \frac{\gamma}{2}\right)Y \tag{6-11}$$

旅游业绩总收入 Y 与治理总成本 TC 都是货币化的量纲，且呈线性关系，如图6-4所示。

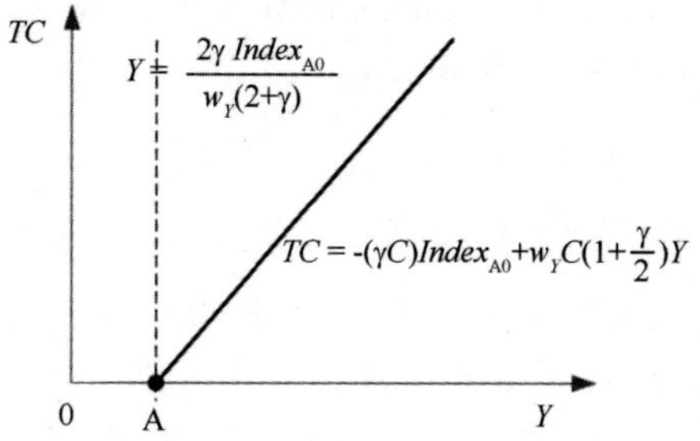

图6-4　旅游收入 Y 与治理成本 TC 的关系

从图6-4可以看出，当旅游收入 Y 低于截点 A 时，无需投入治理成本（$TC=0$），这是环境自身的净化能力。当旅游收入 Y 大于截点 A 时，需投入治理成本 TC。

6.2.3.1　景区扩容与治理

$$\frac{d(TC)}{dY}=w_Y C\left(1+\frac{\gamma}{2}\right) \tag{6-12}$$

因为 TC 与 Y 是线性关系，则有：

$$\Delta(TC)=\frac{d(TC)}{dY}\Delta Y=w_Y C\left(1+\frac{\gamma}{2}\right)\Delta Y \tag{6-13}$$

在给定的技术水平，当生态景区预想增加旅游容量时，相应的环境治理成本也应增加。预期收入的增加与预期治理投入应满足公式（6-13）的关系。

6.2.3.2　景区服务与设施

假定在未来增加旅游业绩总收入为 ΔY，则增加环境治理预算 ΔTC 的同时，还应考虑旅游人次的增加对服务设施的要求。设人次人均消费为 s，则增加的旅游人次数 ΔN 有：

$$\Delta N = \frac{\Delta Y}{s} \qquad (6-14)$$

那么,景区应为即将新增的旅游人次(ΔN)提供餐饮、住宿、旅游服务等基础设施与配套服务。

6.2.3.3 景区供给转移税率

生态景区在未出现拥挤的情况下,是符合公共物品的定义;再从生态资源配置的效率角度考虑,游客的来访理应免费。那么,景区治理所需的费用,则由财政税收转移支付。此时的税收是一种庇古税(环境税),将游客来访对环境产生的外部影响成本内部化,将景区的产权鉴定为公共产权。

若按受益原则征收比例税(t),则有:

$$TC = tY, (t \text{ 税率}) \qquad (6-15)$$

由公式(6-11)和(6-15),可解得:

$$t = \frac{-(\gamma C) Index_{A0}}{Y} + w_Y C\left(1 + \frac{\gamma}{2}\right) \qquad \leqslant w_Y C\left(1 + \frac{\gamma}{2}\right) \qquad (6-16)$$

当旅游总收入 Y 远离图 6-4 中的截点 A 时,税率 t 可近似为:

$$t \approx w_Y C\left(1 + \frac{\gamma}{2}\right) \qquad (6-17)$$

6.2.3.4 收费景区供给转移税率

当生态景区免费向游人开放出现拥挤时,入园收费是一种很有效的控制手段,以防止生态景区遭受破坏。对于因拥挤而收费的景区,入园门票的收入应理解为一种转移支付,其门票的收入应全部用于景区自身的治理。

当景区处于局部均衡时(即刚好到达景区的拥挤临界点,作为公共物品的景区已达到最大的效用),无论景区收费与否,对消费者来说,其消费者剩余是一样的。当一个景区完全免费向游人开放会出现拥挤时,为了使该景区处于均衡临界点,则可以采取入园人数定额限制,如排队计数入园。

假设景区均衡点的游客数为 N,需求曲线对应的价格为 P,人均消费为 s(不含税收、不含票价),景区治理总成本为 TC,人均治理成本为 c($TC = cN$)。

1)景区免费开放,均衡时

$$TC = cN = t_1 Y_1$$

$$Y_1 = s_1 N$$

$$s = (1 - t_1) s_1$$

其中,Y_1:旅游业绩的总收入;

t_1:景区供给转移税率;

s_1:人均支付总额(含税)。

景区供给转移税率:

$$t_1 = \frac{c}{s + c} \tag{6-18}$$

人均支付总额(含税):

$$s_1 = s + c \tag{6-19}$$

2)景区入园收费,均衡时

$$TC = cN = t_2 Y_2 + PN$$

$$Y_2 = s_2 N$$

$$s = (1 - t_2) s_2$$

其中,Y_2:旅游业绩的总收入;

t_2:景区供给转移税率;

s_2:人均支付额(含税,不含门票)。

景区供给转移税率:

$$t_2 = \frac{c - P}{s + c - P} \tag{6-20}$$

人均支付总额(含税,不含门票):

$$s_2 = s + c - P \tag{6-21}$$

人均支付总额(含税,含门票):

$$s_2 + P = s + c \tag{6-22}$$

由于税率(t_1,t_2)的不同,无论景区收费与否,在均衡时消费者最终的支付总额均为($s+c$)。如图6-5所示,消费者的剩余总量仍为"ABP"所围的面积;在免费开放时,消费者剩余中的"PBNO"所围的面积,是以消费税形式征收转移的。

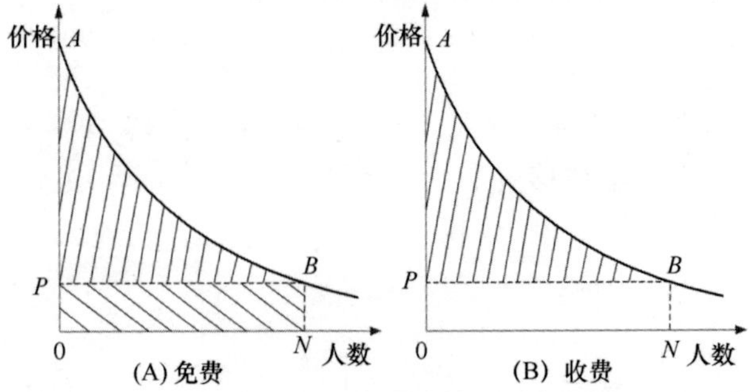

图6-5　免费及收费景区的消费者剩余示意图

6.2.4　普陀山环境的实证研究

纵观历年的旅游人数数据,可知来普陀山的游客呈现逐年递增的趋势;而景区环境监测的数据表明,景区的环境状况一直处于稳定的状态,未出现退化的迹象,可参见"附录C.1　普陀山景区旅游统计数据"和"附录C.2　普陀山景区环境检测数据"。官方统计的人数均为持票入园的游客,淡季和旺季实行不同票价,每年的3—5月份、7—8月份以及10月份定义为景区的旺季。经计算可知景区的年门票收入总额,约占景区年旅游业收入总额的

23.8%(图6-6,图6-7)。

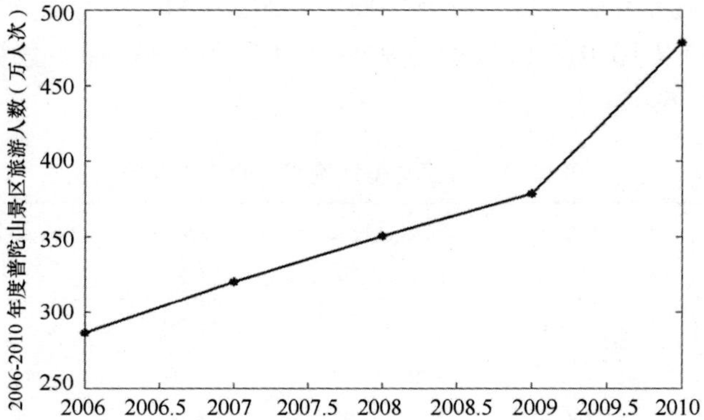

图6-6　2006—2010年度普陀山景区旅游人数

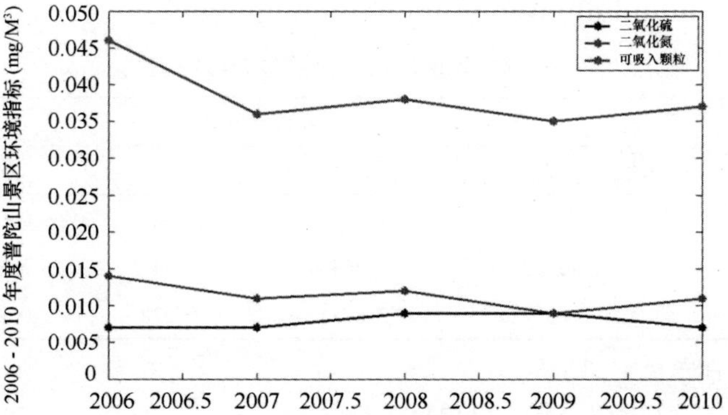

图6-7　2006—2010年度普陀山景区环境指标

假定景区是自给自足的,景区门票收入全部用于景区自身的环境治理(治理总成本);而旅游业的总体收入被视为景区对当地经济的贡献。对于景区的环境指标,这里选用三种景区的大气指标(二氧化硫、二氧化氮、可吸入颗粒物)作为示意性计算之用,并将三者的量化权重依次设为6 000、3 000、1 000。所有涉及货币的数据,均以2010年的物价为基准;经CPI调整后,样本数据如表6-1,表6-2。

表6-1　景区环境评价回归的样本数据

年份	治理成本(TC:千万元)	旅游总收入(Y:千万元)	污染存量指数($Index_A$)	污染指数增量($\Delta Index_A$)
2006	40.429 13	211.637 78	130.00	
2007	52.768 25	230.346 76	111.00	-19.00
2008	57.160 91	252.259 92	128.00	17.00
2009	60.669 04	224.824 85	116.00	-12.00
2010	73.298 40	268.100 00	112.00	-4.00

表6-2　景区环境评价的多元线性回归

变量	多元线性回归			
	系数	标准差	t	p
b_1	-0.055	1.553	-0.036	0.977
b_2	0.207	1.264	0.164	0.897
b_3	-0.786	2.828	-0.278	0.827

注:拟合优度=0.156。

环境指数的净化系数:$\gamma=0.055$

单位指数的治理成本:$C=1.272\ 3$

单位产值的污染指数:$w_Y=0.201\ 5$

经指数化后,景区里约5.5%的污染物指数由环境自身净化,每净化一单位景区污染物指数需1 272.3万元,每增加1 000万元景区的旅游总收入会附带产生0.201 5个污染物指数。

从"附录 C.2　普陀山景区环境检测数据"可以看出,历年的数据基本稳定,符合 6.2.3 中生态景区的假设要求。对于污染存量指数取其平均值 119.4,可求解得到 TC - Y 的对应关系。

$$TC = -8.355 + 0.2634Y \qquad (6-23)$$

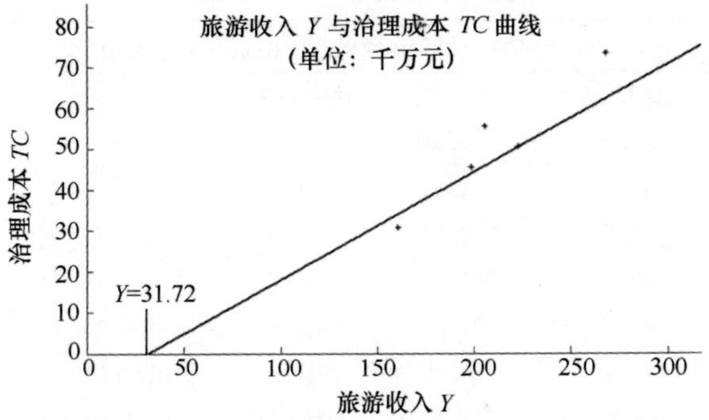

图 6 - 8　景区旅游收入 Y 与治理成本 TC 曲线

图 6 - 8 中,Y 轴的截距 = 31.72(千万元),直线两侧分布的点是 2006—2010 年的样本数据。

1)景区供给转移税率

景区的供给若按受益原则,对景区内的消费征收比例税(t),使得治理总成本 $TC = tY$,则有:

➢ 若景区免费向游人开放时,景区供给的最大转移税率 t_{max}: $t \leqslant 26.343\%$;

➢ 若以历年旅游收入的均值 $Y = 21.12$ 亿元计算(2010 年物价基准),可得景区供给的实际转移税率:$t = 22.38\%$。

2)收费景区供给转移税率

由本节的假设可知 $TC = cN = pN$(c:人均治理成本;p:平均票价;N:入园总人数),也就是说景区可以自给自足无额外的财税转移支付。由公式(6 - 20),可求得税率 $t = 0$。景区的平均票价和人均消费,参见表 6-3(以 2010 年的物价为基准,作过 CPI 调整)。表中的人均消费额是含税和门票的。由表中最后一行的均值,可知景区的治理成本约占景区旅游业总收入 23.7%。

表 6-3 普陀山景区的人均消费及人均支付

年份	2006—2010 年度普陀山景区的人均消费				
	门票收入（千万元）	旅游总收入（千万元）	旅游总人数（万人次）	平均票价（元）	人均消费（元）
2006	40.43	211.64	286.61	141.06	738.42
2007	52.77	230.35	320.33	164.73	719.09
2008	57.16	252.26	350.42	163.12	719.88
2009	60.67	224.82	378.49	160.29	594.00
2010	73.30	268.10	478.43	153.21	560.37
均值	56.87	237.43	362.86	156.48	666.35

历年数据表明,无论景区收费与否,景区有效供给的费用约占景区旅游业总收入的 23%。收费使得景区入园的总人数得到有效的控制,避免景区的生态环境遭受破坏。

6.3 景区 CVM 评价

6.3.1 支付卡式建模

6.3.1.1 回归分析模型

为了分析受访者的支付意愿是否具有某种特征或是规律,我们在此引入受访问者的经济特征变量:收入 I、年龄 A、学历 E;分别采用多元线性模型和半对数模型对其进行分析。

1）多元线性模型

假定受访者的支付意愿（WTP）与经济特征变量（收入 I、年龄 A、学历 E）呈线性关系，则有：

$$WTP = \alpha + \beta_1 I + \beta_2 A + \beta_3 E \tag{6-24}$$

2）半对数模型

假定受访者的支付意愿（WTP）的对数与经济特征变量（收入 I、年龄 A、学历 E）呈线性关系，则有：

$$ln(WTP) = \alpha + \beta_1 I + \beta_2 A + \beta_3 E \tag{6-25}$$

由样本数据，经回归求解，可分别求得公式（6－24）和（6－25）的系数的估计值。

6.3.1.2　WTP 的估计值

1）多元线性模型

$$\hat{WTP} = \hat{\alpha} + \hat{\beta}_1 I + \hat{\beta}_2 A + \hat{\beta}_3 E \tag{6-26}$$

2）半对数模型

$$\hat{WTP} = e^{\hat{\alpha} + \hat{\beta}_1 + \hat{\beta}_2 A + \hat{\beta}_3 E} \tag{6-27}$$

将经济变量收入 I、年龄 A、学历 E 分别取样本均值，代入公式（6－26）和（6－27）中，即可求得对应的 WTP 估计值。

6.3.2　单边界二分式建模

6.3.2.1　回归分析模型

针对被访者对给定投标值 X 的回答“是”或“否”，设定两个数值 1 和 0。假定：答案“是”赋予 1，答案“否”赋予 0，则有 logit 变换：

$$\theta(p) = \text{logit}(p) = \ln\left(\frac{p}{1-p}\right) \tag{6-28}$$

其中，$p = p(\text{Yes})$：回答“是”的概率。

可将受访问者的经济特征变量引入，例如支付成本（投标值

WTP)X、收入I、年龄A、学历E等,则有$\theta(p)$的线性方程:

$$\theta(p) = \ln\left(\frac{p}{1-p}\right) = \alpha + \beta_1 X + \beta_2 I + \beta_3 A + \beta_4 E \quad (6-29)$$

由样本数据(WTP^0, I^0, A^0, E^0),…,(WTP^k, I^k, A^k, E^k),经 Logistic 回归,可得公式(6-29)的系数($\alpha, \beta_1, \beta_2, \beta_3, \beta_4$)的估计值($\hat{\alpha}, \hat{\beta}_1, \hat{\beta}_2, \hat{\beta}_3, \hat{\beta}_4$),则 p 可表示为:

$$p(Yes) = \frac{e^{\hat{\theta}}}{1+e^{\hat{\theta}}} = \frac{e^{\hat{\alpha}+\hat{\beta}_1+\hat{\beta}_2 I+\hat{\beta}_3 A+\hat{\beta}_4 E}}{1+e^{\hat{\alpha}+\hat{\beta}_1+\hat{\beta}_2 I+\hat{\beta}_3 A+\hat{\beta}_4 E}} \quad (6-30)$$

6.3.2.2 WTP 的估计值

Logit 变换的的$\theta(p)$是以 logit(0.5)=0 为中心对称的,在对称点有:

$$\hat{\alpha} + \hat{\beta}_1 + \hat{\beta}_2 I + \hat{\beta}_3 A + \hat{\beta}_4 E = 0 \quad (6-31)$$

可得 WTP 的估计值:

$$W\hat{T}P = \frac{\hat{\alpha} + \hat{\beta}_1 + \hat{\beta}_2 I + \hat{\beta}_3 A + \hat{\beta}_4 E}{-\hat{\beta}_1} \quad (6-32)$$

将经济变量收入I、年龄A、学历E分别取样本均值,代入公式(6-32)中,即可求得 WTP 的估计值。

6.3.3 普陀山调查问卷设计

CVM 是一种有效的环境资源经济价值评价方法,其核心是以假象市场中消费者的选择行为估算非市场价值,在实际操作中极易出现假想偏差、起始点偏差、信息偏差、排序偏差、策略偏差等各种偏差。CVM 的启发技术仍在不断地改进之中,不同的启发技术仍有各自的优势和不足(偏差类型的差异)。

重复报价是最早使用的 CVM 技术,但初始报价会对结果有很大的影响;开放式问卷是直接询问受访者的最大支付意愿

(WTP),能得到最容易分析的数据,但由于受访者往往不熟悉对公共物品的估价,容易产生大量的无效答卷;支付卡式问卷是让受访者在给定的一组投标值里选择最大的支付意愿(WTP),降低了受访者对公共物品估价的难度,但投标的可选范围和中间值会对结果有一定的影响。在连续型启发技术的基础上,又发展了离散型启发技术,主要形式是二分式选择问卷,例如单边界二分式、双边界二分式、多边界二分式。

二分式选择问卷对连续型启发技术的偏差有了较大的改进,并得到大多数学者的认可;考虑实际的可操作性,要求二分式的投标值数目较少且较为集中。同时,考虑到双边界及多边界二分式的计算复杂度剧增;在此,仅选用单边界二分式问卷。问卷设计及分析模式如图 6 – 9 所示。

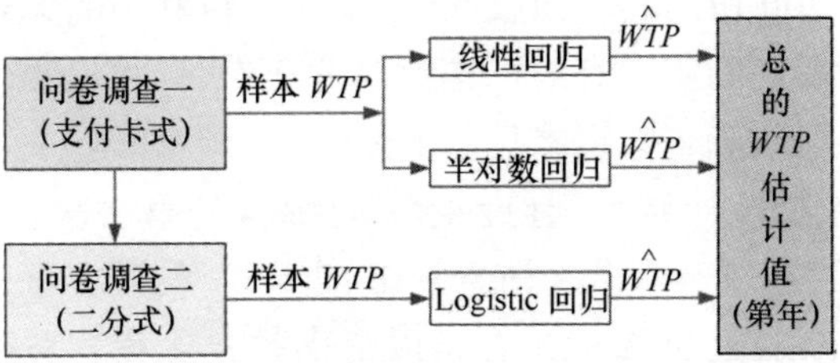

图 6 – 9　CVM 问卷设计及分析模式

首次问卷调查采用支付卡式,并对样本数据分别经线性和半对数回归分析估计 WTP 值;在支付卡式调查的基础上,针对样本中 WTP 频数较高的投标值,再次设计出二分式问卷。对二分式的样本数据经 logistic 回归估计 WTP 值。调查问卷(一)和(二),参见“附录 D　调查问卷”。

从问卷的设计得知,此处的 WTP 是游客单次来访的最大支付意愿,若以调查年份的来访人数计算,则有:

$$WTP_{Year} = (\widehat{WTP})N_{Total} \tag{6-33}$$

其中,WTP_{Year}:调查年份的 WTP 总额;

($\hat{WTP}$):WTP 的估计值;

N_{Total}:调查年份的来访人数。

假定往后年份的来访总人数恒为 N_{Total},贴现率恒为 DR;则按调查年份的价格计算,景区的总 WTP 现值为:

$$WTP_{Total} = WTP_{Year}\left(1 + \frac{1}{DR}\right) \tag{6-34}$$

6.3.4　支付卡式的实证研究

附录 D.1 的问卷调查一是在 2010 年 10 月上旬完成的,采用现场调查方法,对来访的游客随机抽取并发放问卷,先后分三次进行,共发放 700 份问卷。回收问卷 653 份,将其中的无效和孤立样本去除后,得到的实际有效样本数是 550 份,仅将论文分析所需的数据整理成表,调查数据参见“附录 E.1　调查问卷一”。

样本数据统计显示:有近 45% 的游客是第一次来访普陀山,近 25% 的游客每年都会来访普陀山,近 15% 的游客每 3 年左右来访一次普陀山;近 50% 的游客是以赏佛教文化和进香祈祷为目的并且是本次旅游的唯一目的地,近 65% 的游客选择公共交通(包括旅游团),近 15% 是自驾方式;近 50% 的游客在景区滞留 1 天,在舟山境内游玩 2 天;对目前的排队等待和拥挤现象有近 45% 的游客表示出不满意,近 30% 的游客认为可以理解和接受;对于“假定一”的改善,近 70% 的游客表示愿意提供帮助,改善后会增加来访的次数;对于“假定二”的另作其他用途,近 60% 的游客表示不同意,并拒绝接受货币补偿。对于问卷问题的理解程度,近 93% 的游客表示能理解(包括非常理解)。

研究中用到的经济特征解释变量有:受教育程度变量 E、年龄变量 A 以及年收入变量 I。对引入的各解释变量作如下的量化:

受教育程度 $E(1\sim5)$ 依次：高中及以下，高职/大专，本科，硕士，博士；年龄变量 $A(1\sim6)$：20 岁以下，20～29 岁，30～39 岁，40～49 岁，50～59 岁，60 岁以上；年收入变量 $I(1\sim10)$：5 000 元以下，5 000～10 000 元，1 万～2 万元，2 万～3 万元，3 万～5 万元，5 万～8 万元，8 万～12 万元，12 万～20 万元，20 万～50 万元，50 万元以上。调查样本数据的描述性统计，分别如图 6－10 和图 6－11 所示。

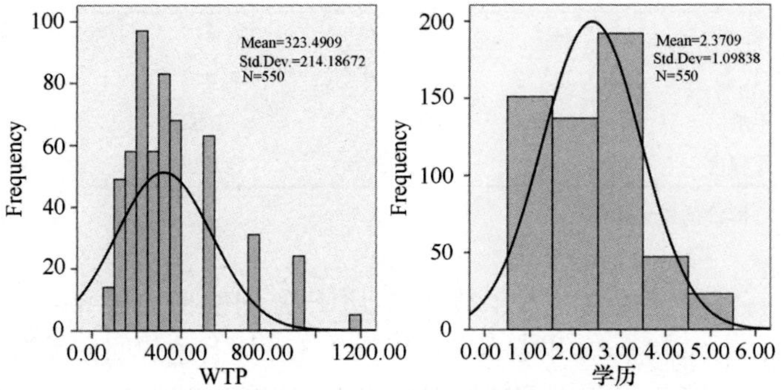

图 6－10　WTP 和受教育程度样本的描述性统计

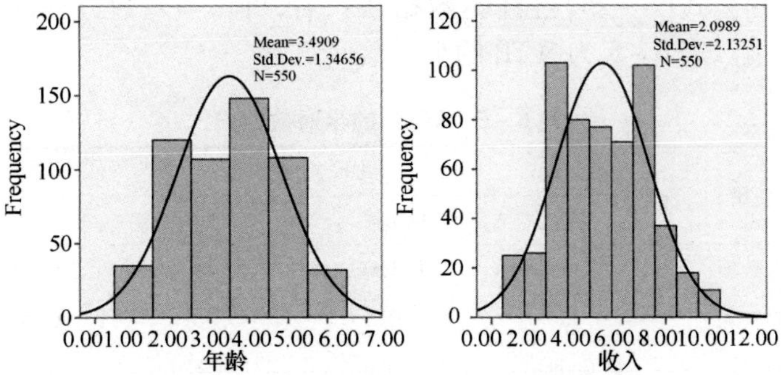

图 6－11　年龄和年收入样本的描述性统计

6.3.4.1 多元线性回归分析

由公式(6－24)经样本数据回归后,可得线性方程的系数估计值。表6－4为WTP的多元线性回归。

表6－4 WTP的多元线性回归

变量	多元线性回归			
	系数	标准差	t	p
常数项	225.699	35.174	6.417	0.000
年收入	20.235	4.156	4.869	0.000
年龄	－20.107	6.879	－2.923	0.004
教育程度	27.418	8.237	3.328	0.001

注:拟合优度＝0.067。

将解释变量收入I、年龄A、学历E分别取平均值mean(I)＝5.09, mean(A)＝3.49, mean(E)＝2.37,及上述的回归系数带入公式(6－26),可得WTP的线性回归估计值为323.49元。

6.3.4.2 半对数回归分析

由公式(6－25)经样本数据回归后,可得半对数方程的系数估计值。表6－5为WTP的半对数回归。

表6－5 WTP的半对数回归

变量	多元线性回归			
	系数	标准差	T	p
常数项	5.383	0.100	53.969	0.000
年收入	0.064	0.012	5.461	0.000
年龄	－0.094	0.020	－4.829	0.000
教育程度	0.088	0.023	3.753	0.000

注:拟合优度＝0.098。

将解释变量收入 I、年龄 A、学历 E 分别取平均值 mean(I) = 5.09, mean(A) = 3.49, mean(E) = 2.37,及上述的回归系数带入公式(6 - 27)(6 - 26),可得 WTP 的半对数回归估计值为 267.52 元。

6.3.5　单边界二分式的实证研究

问卷调查二是在 2011 年 6 月份完成,采用现场调查方法,对来访的游客随机抽取并发放问卷,先后分四次进行,共发放 1 200 份问卷(图 6 - 12)。对支付意愿的 6 种取值(150 元、200 元、250 元、300 元、350 元、500 元)各 200 份问卷,实际回收有效问卷

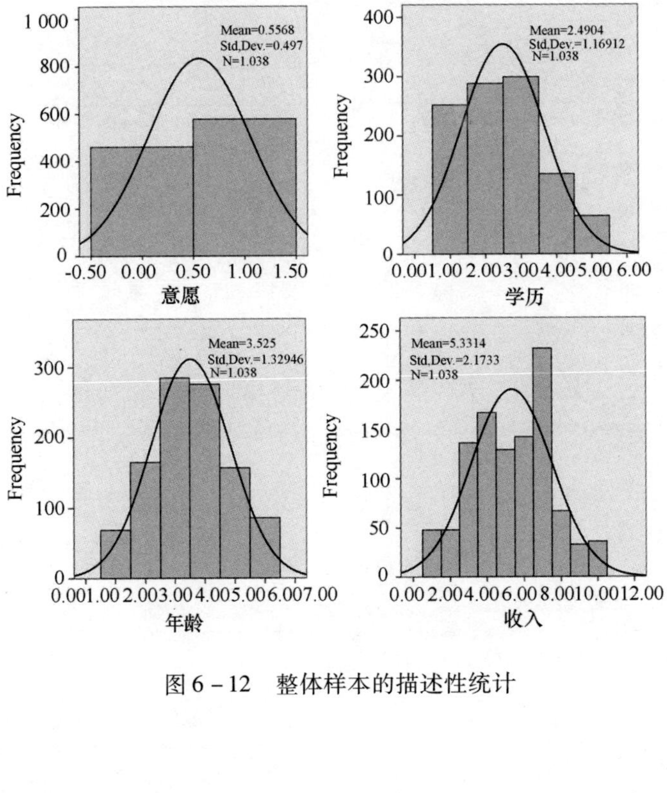

图 6 - 12　整体样本的描述性统计

1 038 份。其中,150 元的问卷 177 份,200 元的问卷 163 份,250 元的问卷 181 份,300 元的问卷 173 份,350 元的问卷 179 份,500 元的问卷 165 份(见图 6 - 13 ~ 图 6 - 18)。仅将论文分析所需的数据整理成表,调查数据参见“附录 E. 2 调查问卷二”。研究中用到的经济特征解释变量有:受教育程度变量 E、年龄变量 A 以及年收入变量 I,其量化方式与“6. 3. 4”相同。游客对当前现状的态度和景区的改善意愿也基本与“6. 3. 4”一致。

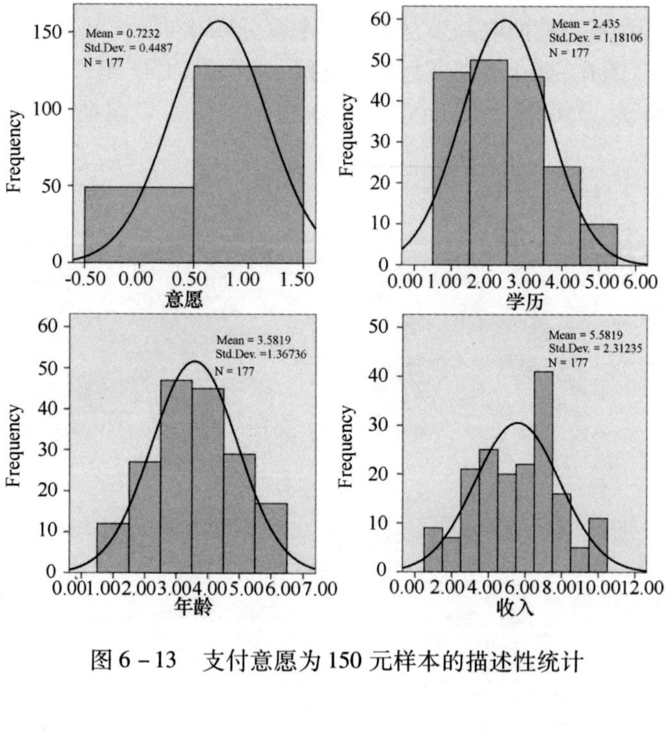

图 6 - 13 支付意愿为 150 元样本的描述性统计

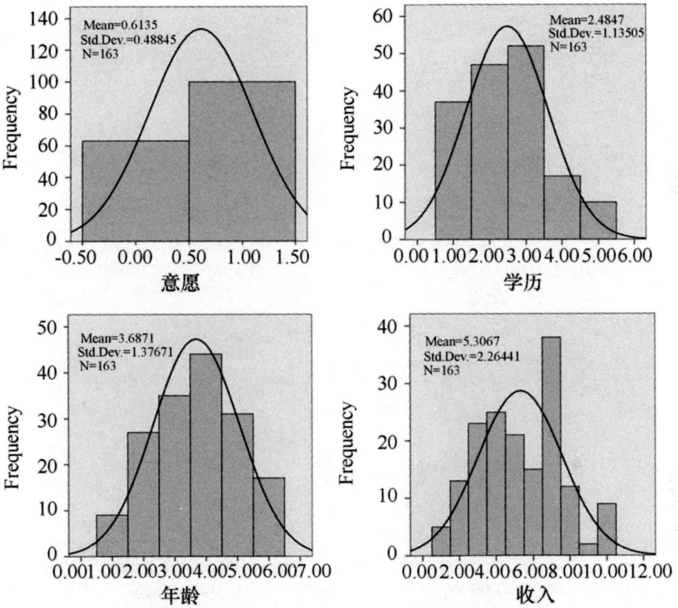

图 6-14　支付意愿为 200 元样本的描述性统计

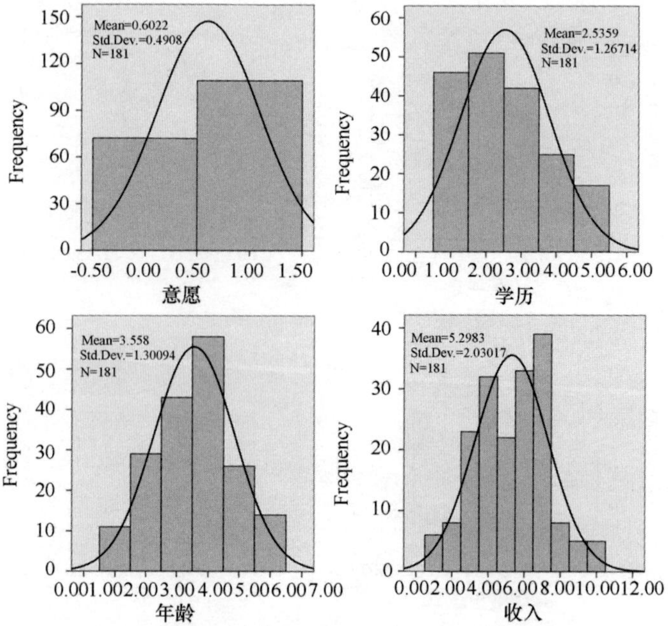

图 6－15　支付意愿为 250 元样本的描述性统计

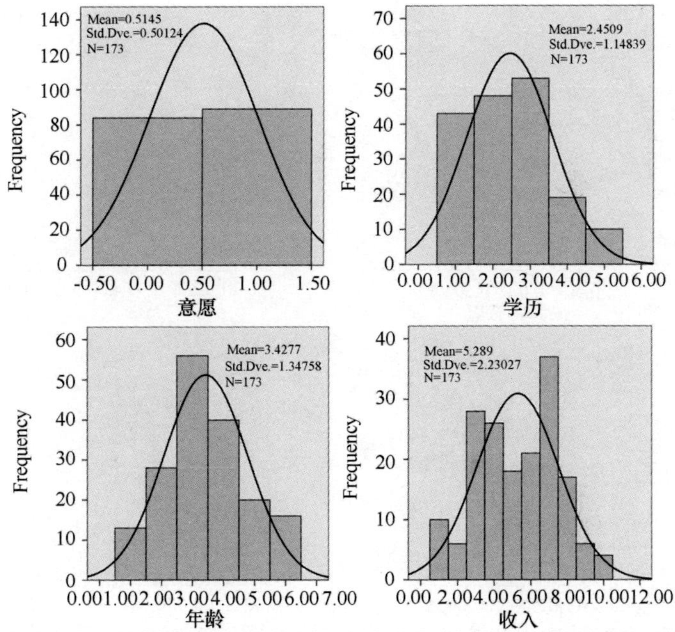

图 6 - 16　支付意愿为 300 元样本的描述性统计

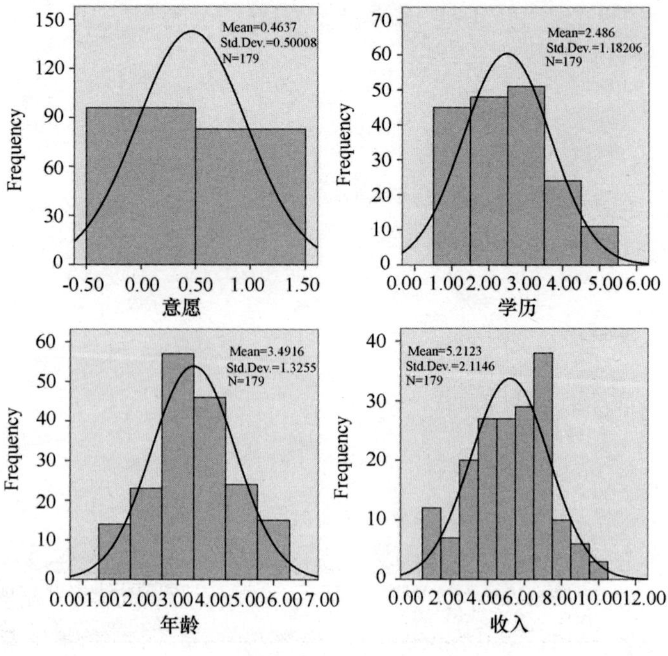

图 6 - 17　支付意愿为 350 元样本的描述性统计

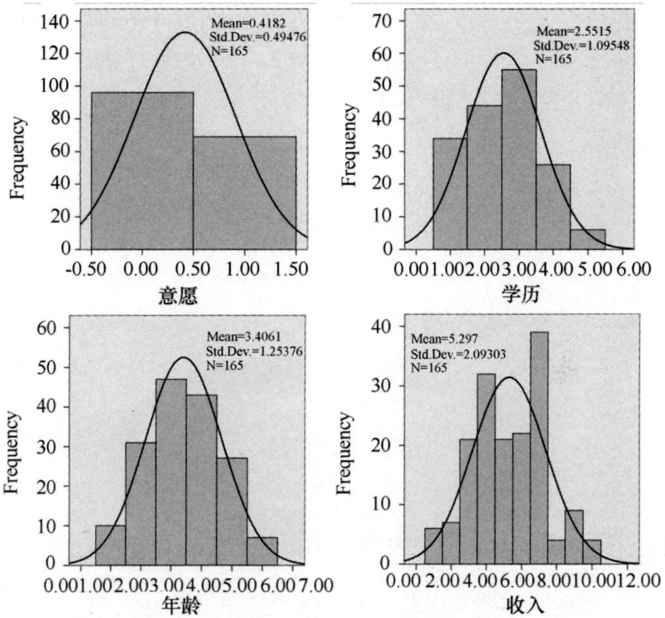

图6－18　支付意愿为500元样本的描述性统计

由公式(6－29)经样本数据做二元 Logistic 回归后，可得线性方程的系数估计值(表6－6)。

表6－6　WTP 的 Logistic 回归

变量	二元 Logistic 回归			
	系数	标准差	Wald	p
常数项	0.073	0.310	0.056	0.000
WTP	－0.004	0.001	37.261	0.001
年收入	0.102	0.030	11.396	0.228
年龄	0.060	0.049	1.452	0.002
教育程度	0.182	0.057	10.029	0.814

将解释变量收入 I、年龄 A、学历 E 分别取平均值 $\text{mean}(I) = 5.33$, $\text{mean}(A) = 3.52$, $\text{mean}(E) = 2.49$,及上述的回归系数带入公式(6 – 32),可得 WTP 的二元 Logistic 回归估计值为 320.26 元。

6.4 景区 TCM 评价

图 6 – 19 为普陀山游客区域分布图。

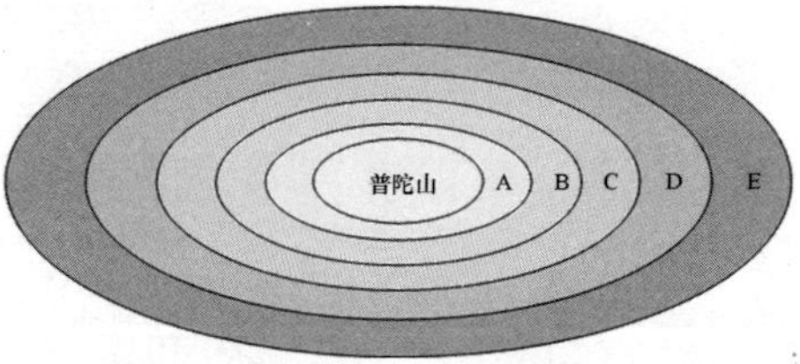

图 6 – 19　普陀山游客区域分布

6.4.1 景区 TCM 建模

根据来访普陀山游客的实际情况,将来访的游客按始发地的远近分类,划分为五个区域:A 区、B 区、C 区、D 区、E 区。游客出游的次数仍遵从 TCM 需求构建的四点假设,参见 3.6 旅行成本法。另外,假定五个区域的人口密度分布服从均匀分布,且五个区域的面积依次为:S_A, S_B, S_C, S_D, S_E;若五个区域的人口总数依次为 $N_A^P, N_B^P, N_C^P, N_D^P, N_E^P$,则有

$$N_A^P : N_B^P : {}_C^P : N_D^P : N_E^P = S_A : S_B : S_C : S_D : S_E \qquad (6-35)$$

调查样本各区域的旅行成本和出游次数,参见表 6 – 7。样本数据来自调查问卷,参见“附录 D　调查问卷”中的第 6 条。

表6-7　调查样本的游客分布与出游人次

区域	范围(km)	旅行成本 Ti	出游人次 $V(i)$	人均出游 Vi	分布比例
A	250以内	T_{SA}	V_{SA}	V_{SA}/N_A^P	V_{SA}/N_S
B	250~450	T_{SB}	V_{SB}	V_{SB}/N_B^P	V_{SB}/N_S
C	450~750	T_{SC}	V_{SC}	V_{SC}/N_C^P	V_{SC}/N_S
D	750~1 200	T_{SD}	V_{SD}	V_{SD}/N_D^P	V_{SD}/N_S
E	1 200以外	T_{SE}	V_{SE}	V_{SE}/N_E^P	V_{SE}/N_S

由于调查采样是在同一时间进行的,样本容量 N_S = 出游人数 = 出游人次。

$$N_S = V_{SA} + V_{SB} + V_{SC} + V_{SD} + V_{SE} \tag{6-36}$$

假定当前年份的出游人次为 N_{Year},游客的区域分布比例符合样本数据,景区入园票价 P_0(表6-8)。

表6-8　当前年份的游客分布与出游人次

区域	范围(km)	旅行成本 Ti	出游人次 $V(i)$	人均出游 Vi	分布比例
A	250以内	T_{SA}	$V_{SA}\frac{N_{Year}}{N_S}$	$\frac{V_{SA}}{N_A^P}\frac{N_{Year}}{N_S}$	V_{SA}/N_S
B	250~450	T_{SB}	$V_{SB}\frac{N_{Year}}{N_S}$	$\frac{V_{SB}}{N_B^P}\frac{N_{Year}}{N_S}$	V_{SB}/N_S
C	450~750	T_{SC}	$V_{SC}\frac{N_{Year}}{N_S}$	$\frac{V_{SC}}{N_C^P}\frac{N_{Year}}{N_S}$	V_{SC}/N_S
D	750~1 200	T_{SD}	$V_{SD}\frac{N_{Year}}{N_S}$	$\frac{V_{SD}}{N_D^P}\frac{N_{Year}}{N_S}$	V_{SD}/N_S
E	1 200以外	T_{SE}	$V_{SE}\frac{N_{Year}}{N_S}$	$\frac{V_{SE}}{N_E^P}\frac{N_{Year}}{N_S}$	V_{SE}/N_S

公式(3－13)经表6－8中的数据(V_i, T_i)做线性回归,可求得方程系数α和β的估计值$\hat{\alpha}$和$\hat{\beta}$。

$$V_i = \hat{\alpha} + \hat{\beta}T_i \qquad (6-37)$$

公式(6－37)表示的V_i和T_i的线性关系是在景区入园票价$=P_0$的条件。此时,只需将(V_i,T_i)的曲线上移P_0,得到相当于景区免费开放的(V_i,T_i)曲线,见公式(6－38)。第i区域的旅游需求曲线可表示为公式(6－39)。几何图解参见图6－20。

$$V_i = \hat{\alpha} + \hat{\beta}(T_i - P_0) \qquad (6-38)$$

$$V_i = \hat{\alpha} + \hat{\beta}(T_i - P_0 + P) = (\hat{\alpha} + \hat{\beta}(T_i - P_0)) + \hat{\beta}P \qquad (6-39)$$

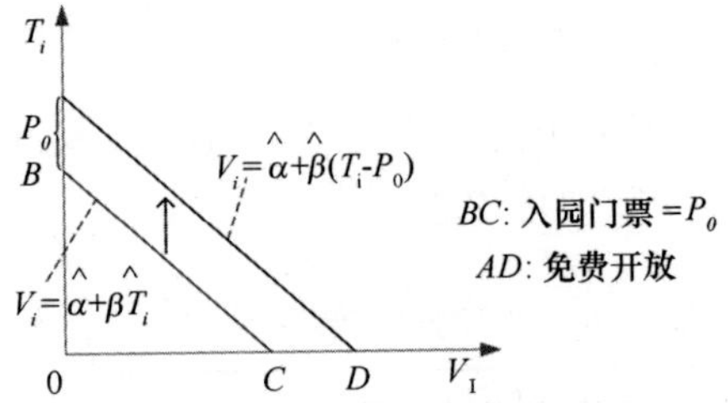

图6－20 (V_i, T_i)的几何图解

将表6－8中各区域的T_i和P_0代人公式(6－39),并令$\hat{\alpha}_i = \hat{\alpha}(T_i - P_0)$,可得各区域的人均旅游需求函数。

$$V_i = \hat{\alpha}_i + \hat{\beta}P \qquad (6-40)$$

各区域的旅游需求函数:

$$V(i) = N_i^P V_i = N_i^P \hat{\alpha}_i + N_i^P \hat{\beta}P = \hat{\alpha}^i + \hat{\beta}^i P \qquad (6-41)$$

景区总需求函数的拟合,如图6－21所示。

6.4.1.1 TCM平滑需求曲线拟合

将各个区域的需求曲线按价格横向叠加得到的总需求曲线是

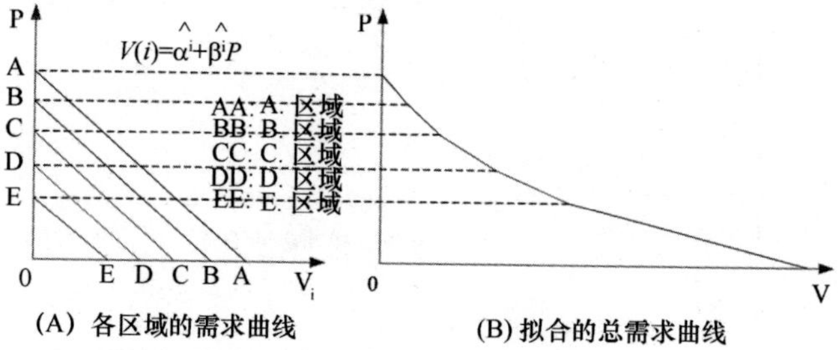

图 6－21　TCM 需求函数曲线

分段的折线，如图 6－21(B)所示。分段折线的需求曲线不具备平滑、连续可导的特性。从需求曲线的形状和趋势来看，我们可以用指数函数来拟合，其函数原型为：

$$P = ce^{-bV} \tag{6-42}$$

其中，c：是常数因子（P 轴的截距）；

b：是衰减因子（确定曲线的趋势）。

对分段折线的需求曲线采样，得到回归样本（V, P）。对公式(6－42)作对数变换，可得：

$$\ln P = \ln c - bV \tag{6-43}$$

由样本数据（V, P），对公式(6－43)作回归，可求得系数 b 和 c。指数衰减形式的需求函数具备连续可导（如图 6－22 所示），便于微观应用分析。当价格 $P=0$ 时，来访的游客将趋于无穷大，这能更好地解释公共牧场的悲剧。

TCM 指数拟合需求的价格弹性，由公式(3－12)和(3－30)可得：

$$E_{d,TCM} = -\frac{dV}{dP}\frac{P}{V} = \frac{1}{bV} \tag{6-44}$$

价格弹性 $E_{d,TCM}$ 的大小只与衰减因子(b)和旅游人次(V)有关，且与 V 成反比关系，随着 V 的增大，弹性逐渐变小。

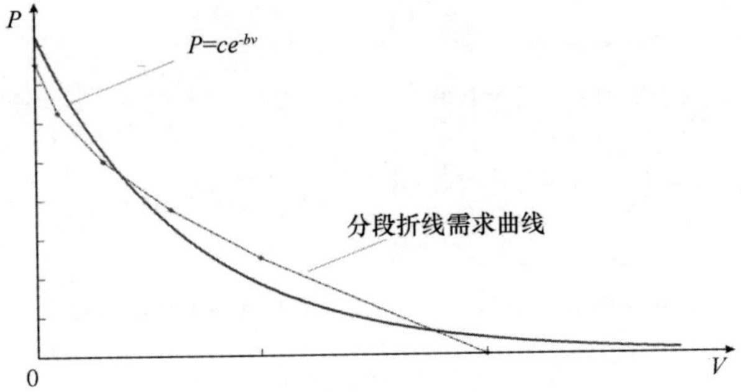

图 6－22　指数拟合的 TCM 需求曲线

▲　在 $V=\frac{1}{b}$ 处，单位弹性，$E_{d,TCM}=1$；

▲　在区 $\left(0,\frac{1}{b}\right)$ 间，相对富有弹性，$E_{d,TCM}>1$；

▲　在区间 $\left(\frac{1}{b},+\infty\right)$，相对缺乏弹性，$E_{d,TCM}<1$。

6.4.1.2　消费者剩余的求解

马歇尔消费者剩余只需计算需求曲线与坐标所围的面积即可；既可以由分段折线的需求曲线分段计算得到，也可以用指数需求函数作定积分得到。

$$MCS=\int_0^N(ce^{-bV}-ce^{-bN})dV=\frac{c}{b}-\frac{c}{b}e^{-bN}(bN+1) \tag{6-45}$$

当 N 趋于无穷大时（即景区免费向游客开放），公式（6－45）的最后一项为零。

$$\lim_{N\to\infty}\frac{c}{b}e^{-bN}(bN+1)=\lim_{N\to\infty}\frac{cN}{e^{bN}}+\lim_{N\to\infty}\frac{c}{b}e^{-bN}=\lim_{N\to\infty}\frac{c}{be^{bN}}=0 \tag{6-46}$$

$$\lim_{N\to\infty} MCS = \frac{c}{b} \tag{6-47}$$

以价格 P 为自变量作定积分更为直观，由公式（6－43）整理，可得：

$$V = \frac{1}{b}\ln c - \frac{1}{b}\ln P \tag{6-48}$$

$$MCS = \int_P^c \left(\frac{1}{b}\ln c - \frac{1}{b}\ln P\right) dP = \frac{c}{b} - \frac{P}{b}(\ln c - \ln P + 1) \tag{6-49}$$

公式（6－45）和（6－49）是两种不同的计算方法，计算的结果均为图 6－23 中阴影部分面积。

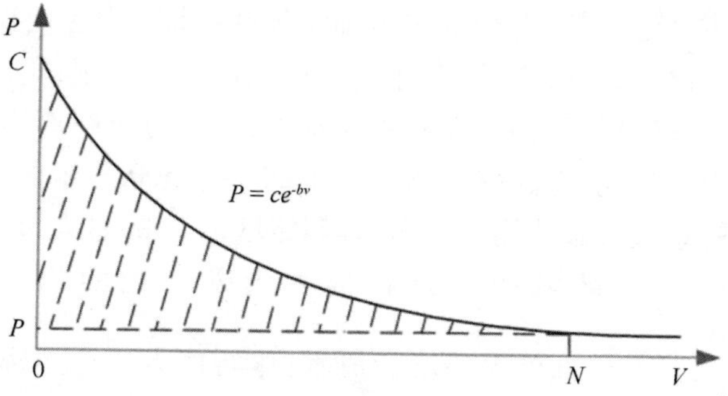

图 6－23　TCM 拟合需求的 MCS

6.4.2　普陀山 TCM 的实证研究

TCM 的样本数据分别来自问卷一和问卷二中游客的始发地数据，并将始发地 A，B，C，D，E 区域依次量化为 1，2，3，4，5。问卷一的数据在 2010 年 10 月份采集，是旅游的旺季；而问卷二的数据在 2011 年 6 月份采集，是旅游的淡季（图 6－24）。

根据两次样本数据的统计显示：在样本中有近 65% 的游客是

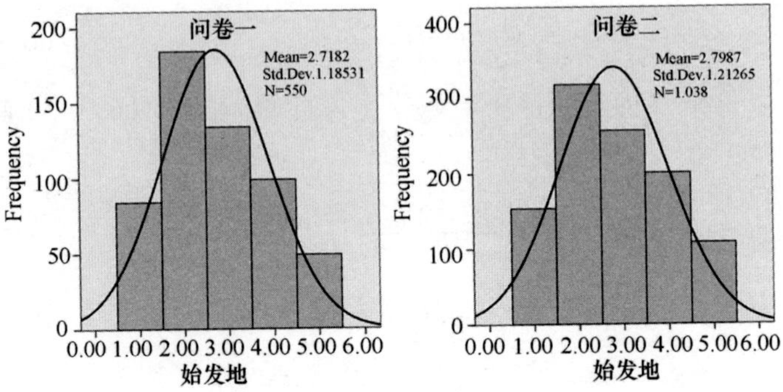

图 6－24　始发地样本数据的描述性统计

专程来访普陀山的，并以公共交通（包括组团）为主要的交通工具；境外游客约占 0.75%，基本上是以国内游客为主；距舟山市最远的省份有四川、云南、广西、辽宁等省份，其行车距离均在 2 500 千米以内。为此，将区域 E 限定在 1 200～2 500 千米的范围。每个区域的总人口服从均匀分布，且假定区域 A 的总人口为 1 个抽象的人。每个区域的出行距离为内外半径的均平根 $\overline{R}=\sqrt{\frac{r^2+R^2}{2}}$，且只计算单程的旅行成本；旅行成本只与距离有关，每千米的计价为 0.33 元（以上海→舟山的巴士为基准，票价 132 元，行程 400 千米）。见表 6－9，表 6－10。

表 6－9　区域人口分布及旅行费用

区域	内半径（km）	外半径（km）	区域面积（km^2）	面积比值（人口分布）	出行距离（km）	旅行费用（元）
A	0	250	196 250	1	176.78	58.34
B	250	450	439 600	2.24	364.01	120.12
C	450	750	1 130 400	5.76	618.47	204.09

续表

区域	内半径（km）	外半径（km）	区域面积（km^2）	面积比值（人口分布）	出行距离（km）	旅行费用（元）
D	750	1 200	2 755 350	14.04	1 000.62	330.21
E	1 200	2 500	15 103 400	76.96	1 960.87	647.09

表 6－10　调查样本的旅行费用及人均到访次数

区域	旅行费用（元）	旺季(样本)		淡季(样本)	
		到访人次	人均到访	到访人次	人均到访
A	58.34	84.00	84.00	154.00	154.00
B	120.12	184.00	82.14	318.00	141.96
C	204.09	134.00	23.26	257.00	44.62
D	330.21	99.00	7.05	201.00	14.32
E	647.09	49.00	0.64	108.00	1.40

在这里,假定调查数据是 2010 年游客到访的典型样本,且以 2010 年的旅游人次和票价为基准:淡季到访人次 162.52 万人,入园票价 140 元;旺季到访人次 315.91 万人,入园票价 160 元。其中,景区每年的 3、4、5、7、8、10 月份为旅游的旺季(表 6－11)。

表 6－11　2010 年的旅行费用及人均到访次数

区域	旅行费用 T_i（元）	旺季(万人)		淡季(万人)	
		到访人次	人均到访 V_i	到访人次	人均到访 V_i
A	58.34	48.25	48.25	24.11	24.11
B	120.12	105.69	47.18	49.79	22.23
C	204.09	76.97	13.36	40.24	6.99

续表

区域	旅行费用 T_i（元）	旺季（万人）		淡季（万人）	
		到访人次	人均到访 V_i	到访人次	人均到访 V_i
D	330.21	56.86	4.05	31.47	2.24
E	647.09	28.14	0.37	16.91	0.22

6.4.2.1 旺季 TCM 需求曲线

由公式(6－24)经旅游旺季样本数据回归后，可得线性方程的系数估计值(表6－12)。

表6－12 旅游旺季的 TCM 多元线性回归

变量	多元线性回归			
	系数	标准差	t	p
常数项	45.164	11.185	4.038	0.027
旅行费用	－0.083	0.033	－2.537	0.085

注：拟合优度为0.682。

旺季入园的票价是160元，由公式(6－39)可得，

$$V_i = 58.444 - 0.083(T_i + P) \qquad (6-50)$$

A区的旅游总需求函数（万人）：

$$V_A = 53.602 - 0.083P \qquad (6-51)$$

B区的旅游总需求函数（万人）：

$$V_B = 108.582 - 0.186P \qquad (6-52)$$

C区的旅游总需求函数（万人）：

$$V_C = 239.066 - 0.478P \qquad (6-53)$$

D区的旅游总需求函数（万人）：

$$V_D = 435.753 - 1.165P \qquad (6-54)$$

E区的旅游总需求函数(万人):

$$V_E = 364.446 - 6.388P \qquad (6-55)$$

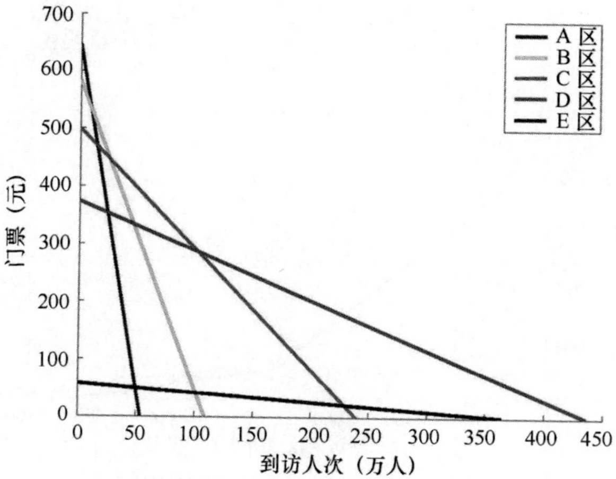

图6-25　旺季各区域的旅游需求曲线

旺季五个区域各自的年旅游需求曲线,如图6-25所示。将五区域需求曲线按价格横向叠加得到总的需求曲线(折线),如图6-26所示。对每段折线分别取300个样点,进行指数函数形式的拟合(表6-13)。

表6-13　旅游旺季的指数函数需求曲线拟合

变量	多元线性回归($\ln P = \ln c - bV$)			
	系数	标准差	t	p
常数项(lnc)	6.431	0.010	634.627	0.000
旅行费用(b)	-0.003	0.000	-164.178	0.000

注:拟合优度为0.947。

旺季指数函数拟合的需求曲线：

$$P = e^{6.431-0.003V} = 620.79e^{-0.003V} \qquad (6-56)$$

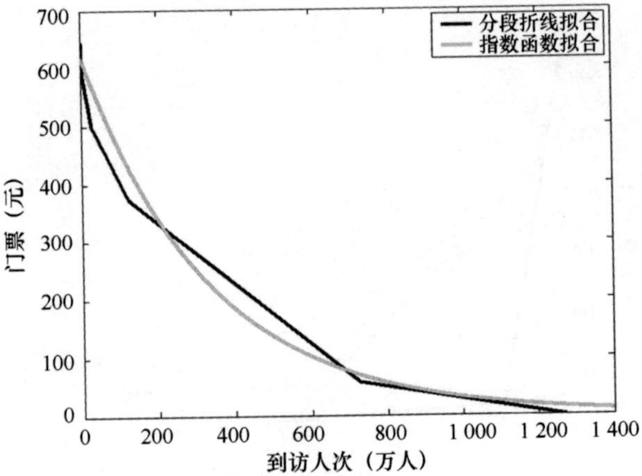

图 6－26　旺季旅游的总需求曲线

当景区免费开放时，旺季两种需求曲线的消费者剩余分别为：

1）分段折线需求曲线的 $MCS = 2.0269 \times 10^9$（元）

2）指数函数需求曲线的 $MCS = 2.0269 \times 10^9$（元）

由公式（6－44）可知，在 $V = 333.333$（万人次）处，曲线的价格弹性为 1。

6.4.2.2　淡季 TCM 需求曲线

由公式（6－24）经旅游淡季样本数据回归后（表 6－14），可得线性方程的系数估计值。

表 6－14　旅游淡季的 TCM 多元线性回归

变量	多元线性回归			
	系数	标准差	t	p
常数项	22.151	5.226	4.238	0.024
旅行费用	－0.040	0.015	－2.650	0.077

注：拟合优度为 0.701。

淡季入园的票价是 140 元，由公式（6－39）可得，

$$V_i = 27.751 - 0.040(T_i + P) \qquad (6-57)$$

A 区的旅游总需求函数（万人）：

$$V_A = 25.417 - 0.040P \qquad (6-58)$$

B 区的旅游总需求函数（万人）：

$$V_B = 51.400 - 0.090P \qquad (6-59)$$

C 区的旅游总需求函数（万人）：

$$V_C = 112.823 - 0.230P \qquad (6-60)$$

D 区的旅游总需求函数（万人）：

$$V_D = 204.178 - 0.562 \qquad (6-61)$$

E 区的旅游总需求函数（万人）：

$$V_E = 143.715 - 3.078P \qquad (6-62)$$

淡季五个区域各自的年旅游需求曲线，如图 6－27 所示。对每段折线分别取 300 个样点，进行指数函数形式的拟合，如表 6－15 所示。

表 6－15　旅游淡季的指数函数需求曲线拟合

变量	多元线性回归（$\ln P = \ln c - bV$）			
	系数	标准差	t	p
常数项（lnc）	6.424	0.010	617.471	0.000
旅行费用（b）	－0.007	0.000	－168.401	0.000

注：拟合优度为 0.950。

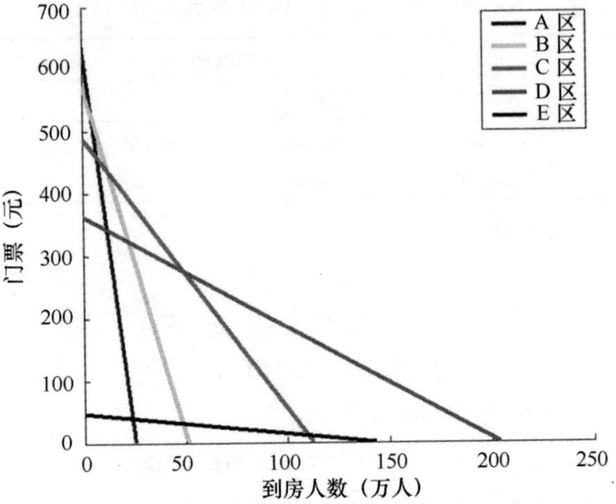

图 6－27　淡季各区域的旅游需求曲线

淡季指数函数拟合的需求曲线：

$$P = e^{6.424-0.007V} = 616.46e^{-0.007V} \quad (6-63)$$

当景区免费开放时，淡季两种需求曲线的消费者剩余分别为：

1）分段折线需求曲线的 $MCS = 9.2324 \times 10^8$（元）

2）指数函数需求曲线的 $MCS = 9.2324 \times 10^8$（元）

由公式（6－44）可知，在 $V = 142.857$（万人次）处，曲线的价格弹性为1。

6.4.2.3　景区的消费者剩余

由6.2.3分析可知，无论景区收费与否，其消费者的实际支出都是不变的，收取门票仅是转移支付的一种方式而已。

在不考虑景区承载能力时，景区免费向游人开放的消费者剩余总和：

$$MCS = 2.0693 \times 10^9 + 8.8066 \times 10^8 = 2.95 \times 10^9 \text{（元）}$$

由于出行区域的划分和旅行成本计算的方法都采用了较大的

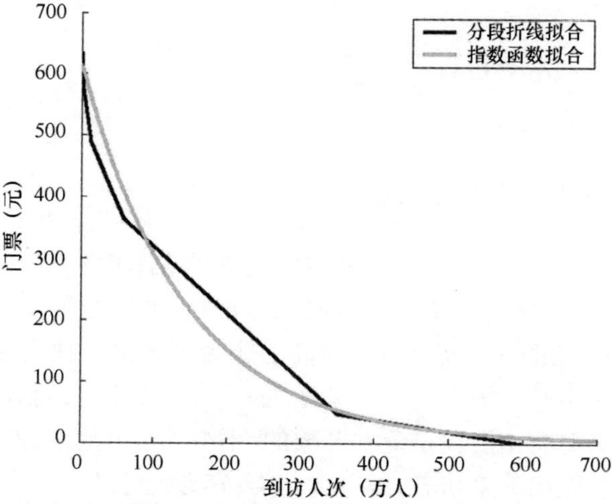

图 6-28　淡季旅游的总需求曲线

近似，使得实际数据与需求曲线之间有较大的差异。列举图 6-28 曲线上的个别样点，如下：

需求价格弹性 =1		2010 年的实际票价		2010 年的实际到访人次	
淡季	旺季	淡季	旺季	淡季	旺季
$P=226.78$	$P=228.38$	$P=140$	$P=160$	$V=162.52$	$V=315.91$
$V=142.857$	$V=333.333$	$V=211.765$	$V=451.942$	$P=197.62$	$P=240.63$

考虑景区的公共物品属性，在这里以 2010 年的实际到访人次为依据，计算游客的消费者剩余（含支付的门票）。

1）旺季的消费者剩余：$MCS_{V=315.91}=1.2672\times10^{9}$（元）

2）淡季的消费者剩余：$MCS_{V=162.52}=5.9834\times10^{8}$（元）

3）景区总的消费者剩余：$MCS_{Total}=1.8656\times10^{9}$（元）

6.5 景区 SUW 评价

6.5.1 景区 SUW 建模

普陀山四周环海,是一座较为独立的岛屿,与邻近地区的唯一交通工具就是轮渡。岛内有当地居民常驻,来往的游客与当地居民共同生活在同一个岛屿,同时岛上还为游客提供住宿条件。此外,普陀山也是我国四大佛教圣地之一,为了便于舟山辖区内居民进山朝拜,对舟山居民是免费开放的,不纳入官方的统计范畴。为此,可将普陀山的来访者,细分为三类:官方统计的旅游人次、留宿游客人次、非景区的本地人到访人次。

问卷调查的样本数据显示,在 750 千米以内,有近 21% 的游客每年都会来访普陀山,近 15% 的游客每隔 3 年左右来访一次。从历年的普陀山统计数据表明,来访游客的数量具有较为明显的季节变化,参见“附录 C.1　普陀山景区旅游统计数据”。考虑到当地居民进山朝拜有其固定的习俗,在运用 SUW 统计量时,采取按月份统计,如图 6 - 29 所示。

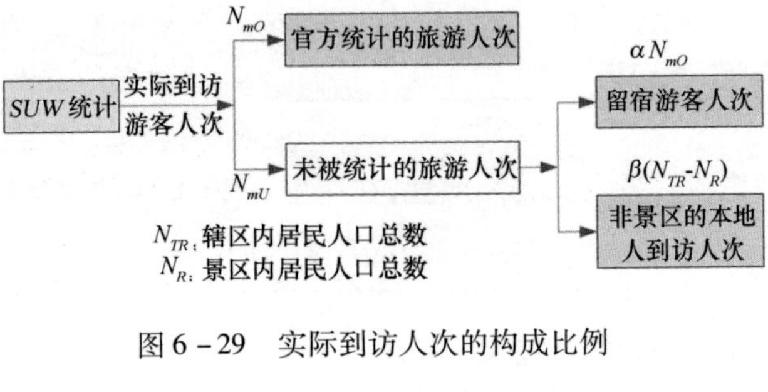

图 6 - 29　实际到访人次的构成比例

由 SUW 统计量计算的旅游人次是按天计算的,若一个游客在

景区内留宿游玩两天,则按 SUW 统计量计算的结果为 2 人次。在此,做出以下的假定:

- 景区的旅游人次具有明显的季节特性;
- 不同年份的相同月份,留宿游客比例 α 不变;
- 辖区内居民每年朝拜的习俗不变,并且前来朝拜的人数占辖区人口总数的比例 β 不变。

可得:

$$N_{mU}^{h} = \alpha^{h} N_{mO} + \beta^{h}(N_{TR} - N_{R}), h = 1,2,3,\cdots,12 \tag{6-64}$$

其中,h:标示月份,$h=1, 2, 3,\cdots, 12$;

N_{mU}^{h}:第 h 月份未被统计的旅游人次;

α^{h}:第 h 月份游客留宿的比例;

N_{mO}^{h}:第 h 月份官方统计的旅游人次;

β^{h}:第 h 月份辖区朝拜的人口比例;

N_{TR}:辖区内常住居民人口总数;

N_{R}:景区内常住居民人口总数。

对公式(6-64),令

$$z = N_{mU}^{h}$$

$$b_1 = \alpha^{h} \qquad z_1 = N_{mO}^{h}$$

$$b_2 = \beta^{h} \qquad x_2 = N_{TR} - N_{R}$$

可得二元线性方程:

$$z = b_1 x_1 + b_2 x_2 \tag{6-65}$$

由历年第 h 月份的样本数据$(N_{mU}^{h,0}, N_{mO}^{h,0}, (N_{TR}^{0} - N_{R}^{0})), \cdots, (N_{mU}^{h,k}, N_{mO}^{h,k}, (N_{TR}^{k} - N_{R}^{k}))$,经二元线性回归分析求解,可得线性方程系数$(b_1, b_2)$的估计值$(\hat{b}_1, \hat{b}_2)$。

第 h 月份游客留宿的比例:$\hat{a}^{h} = \hat{b}_1$

第 h 月份辖区内前来朝拜的人口比例:$\hat{\beta}^{h} = \hat{b}_2$

当 $h=1,2,3,\cdots,12$ 分别作上述的求解,就可以求得1—12月每月的(α^h,β^h);由 α^h 和 β^h 能很好地反映出每月到访人次的构成比例。

样本数据中的 N_{mO}^h 是官方统计的月份旅游人次,即每月景区入园人次;N_{mU}^h 可由 SUW 统计量模型计算获得,参见"3.7 城市固态垃圾统计量"。景区内居民每月产生的城市固态垃圾总量为 SUW_R,由公式(3-22)可知未被统计的到访人次。在计算非景区的本地人到访人次时,其基数应去除景区内的居民人口总数。

6.5.1.1 每年来访人次的构成

每年的统计量,只需将每个月的统计量逐月累计即可。

官方统计的年旅游总人次:

$$N_O = \sum_{h=1}^{12} N_{mO}^h \tag{6-66}$$

每年未被统计的旅游总人次:

$$N_U = \sum_{h=1}^{12} N_{mU}^h \tag{6-67}$$

每年非景区的本地人到访总人次:

$$\sum_{h=1}^{12} \beta^h (N_{TR} - N_R) = \beta(N_{TR} - N_R), \beta = \sum_{h=1}^{12} \beta^h \tag{6-68}$$

每年留宿游客总人次:

$$\sum_{h=1}^{12} \alpha^h N_{mO}^h = \alpha N_O \tag{6-69}$$

由公式(6-69)整理,可得

$$\alpha = \sum_{h=1}^{12} \alpha^h \frac{N_{mO}^h}{N_O} = \sum_{h=1}^{12} \alpha^h f(\alpha^h) \tag{6-70}$$

其中,$f(\alpha^h)$:是 α^h 的分布函数,即第 h 月份的旅游人次占年旅游总人次的比例。

6.5.1.2 旅游压力指数

旅游压力指数以年为单位计算,经 SUW 统计量修正后的旅游压力指数：

$$P_C = \frac{N_O + N_U}{N_R} = \frac{N_O}{N_R} + \frac{N_U}{N_R} = P_O + \frac{N_U}{N_R} \qquad (6-71)$$

其中，P_O：官方统计的旅游压力指数；

N_O：官方统计的年旅游总人次；

N_U：每年未被统计的旅游总人次；

N_R：景区内常住的居民人数。

6.5.1.3　未来年份的预测

为了便于对未来年份的预测，须知道 α 和 β。由于 α^h 的分布函数未知，通过公式(6－70)无法求解 α。我们假定每年留宿游客的比例 α 也不变，则只需对公式(6－64)两边作 h 的求和，可得：

$$N_U = \alpha N_O + \beta(N_{TR} - N_R) \qquad (6-72)$$

由历年的样本数据 $(N_U^0, N_O^0, (N_{TR}^0 - N_R^0)), \cdots, (N_U^k, N_O^k, (N_{TR}^k - N_R^k))$，经二元线性回归分析求解，可得线性方程系数 (α, β) 的估计值 $(\hat{\alpha}, \hat{\beta})$。

以官方统计的数据为基础，若预想在来年增加旅游人次 ΔN，即由 N_O 增加到 $N_O + \Delta N$。

1)来年留宿游客总人次

$$\hat{\alpha}(N_O + \Delta N) \qquad (6-73)$$

2)来年非景区的本地人到访总人次

$$\hat{\beta}(N_{TR} - N_R) \qquad (6-74)$$

3)来年未被统计的旅游总人次

$$\hat{\alpha}(N_O + \Delta N) + \hat{\beta}(N_{TR} - N_R) \qquad (6-75)$$

4)来年实际到访的总人次

$$(1 + \hat{\alpha})(N_O + \Delta N) + \hat{\beta}(N_{TR} - N_R) \qquad (6-76)$$

5）来年官方统计的旅游压力指数

$$P_O = \frac{N_O + \Delta N}{N_R} \tag{6-77}$$

6）来年实际的旅游压力指数

$$P_C = (1 + \hat{\alpha}) \frac{(N_O + \Delta N)}{N_R} + \hat{\beta}\left(\frac{N_{TR}}{N_R} - 1\right) \tag{6-78}$$

6.5.2 普陀山 SUW 的实证研究

2006—2010 年度普陀山景区的 SUW 排放量和景区内的常驻人口，参见“附录 C.3 普陀山景区固态垃圾排放量”和“附录 C.4 普陀山景区常住人口”。历年官方统计的旅游人数，参见“附录 C.1 普陀山景区旅游统计数据”。

无论是从图 6－30（SUW 排放量），还是从图 6－31（旅游人数），都可以看出景区的旅游呈现明显的季节特性：每年均有三次旅游高峰，分别是 3—5 月份、7—8 月份、10 月份。

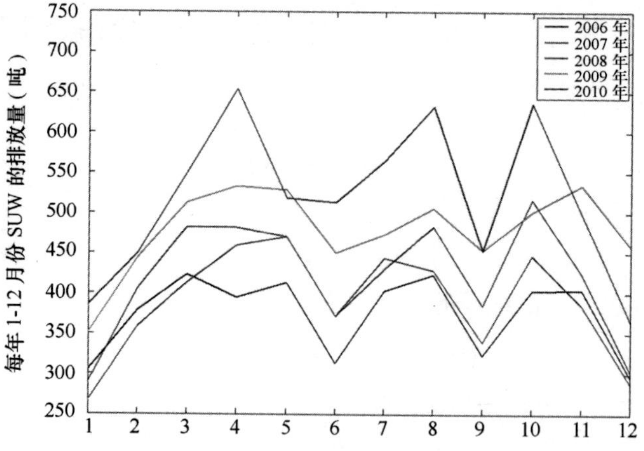

图 6－30　2006—2010 年度普陀山景区的 SUW 排放量

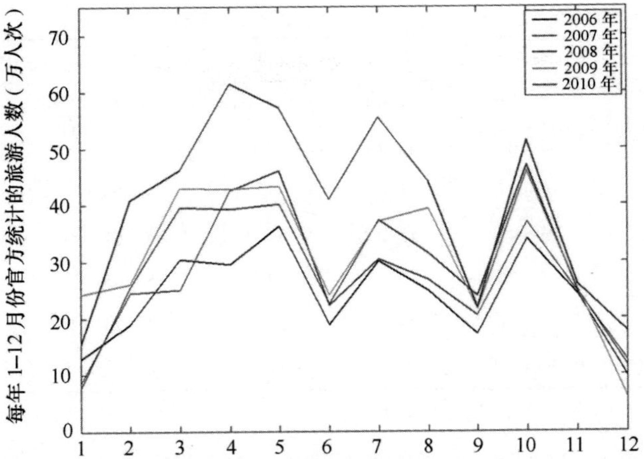

图 6 – 31　2006—2010 年度普陀山景区的旅游人数

6. 5. 2. 1　SUW 统计量估计

由 3. 7 的模型经 SUW 统计量估计可得：景区每年的实际到访旅游人数和未被官方统计的到访旅游人数。（日人均 SUW = 742. 41 克，参见 5. 4），如表 6 – 16 和表 6 – 17 所示。

表 6 – 16　2006—2010 年度普陀山景区实际到访的旅游人数

万人次

月份	2006 年	2007 年	2008 年	2009 年	2010 年
1	26. 28	21. 12	24. 18	32. 40	37. 02
2	37. 55	34. 84	41. 11	46. 34	46. 93
3	42. 10	40. 80	50. 06	54. 16	58. 98
4	38. 78	47. 41	50. 37	57. 33	73. 43
5	40. 70	48. 41	48. 38	56. 27	54. 78
6	27. 78	35. 65	35. 62	46. 19	54. 54

续表

月份	2006 年	2007 年	2008 年	2009 年	2010 年
7	39.35	44.94	42.98	48.75	61.03
8	42.05	42.78	50.09	53.22	70.08
9	29.17	31.33	37.40	46.53	46.44
10	39.41	45.27	54.74	52.61	70.64
11	40.06	37.47	42.74	57.55	52.72
12	24.91	23.90	25.86	46.73	34.11
合计	428.14	453.91	503.51	598.08	660.68

表 6-17　2006—2010 年度普陀山景区未被统计的旅游人数

万人次

月份	2006 年	2007 年	2008 年	2009 年	2010 年
1	13.46	12.63	16.40	8.16	21.59
2	18.63	10.36	15.68	20.27	6.09
3	11.67	15.73	10.51	11.21	12.80
4	9.26	4.92	11.19	14.58	11.96
5	4.49	2.36	8.28	12.88	-2.39
6	8.89	13.40	13.13	22.09	13.66
7	9.32	14.56	5.73	11.69	5.52
8	17.28	16.00	18.70	13.90	25.91
9	12.09	10.92	13.48	24.96	24.57
10	5.43	8.32	7.73	6.62	19.23
11	15.83	12.91	17.93	32.38	26.75
12	15.18	11.48	14.35	40.85	16.58
合计	141.53	133.58	153.09	219.59	182.25

6.5.2.2　旅游压力指数

由公式(3－19)和(3－27)可分别计算每年官方统计的旅游压力指数和景区实际的旅游压力指数，如表 6－18 及图 6－32 所示。

表 6－18　2006—2010 年度普陀山景区的旅游压力指数

年份	旅游人数(万人次)			旅游压力指数	
	官方统计	实到人数	未被统计	官方压力指数	实际压力指数
2006	286.61	428.14	141.53	595.74	889.93
2007	320.33	453.91	133.58	666.38	944.28
2008	350.42	503.51	153.09	727.47	1 045.28
2009	378.49	598.08	219.59	784.76	1 240.06
2010	478.43	660.68	182.25	985.44	1 360.82

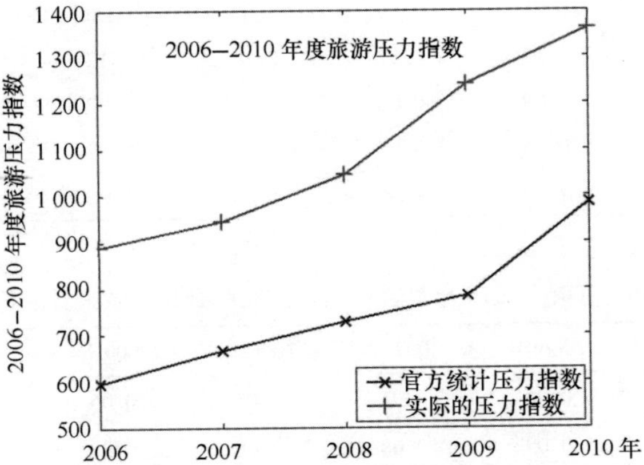

图 6－32　2006—2010 年度普陀山景区的旅游压力指数

6.5.2.3 旅游的季节性预测

从三个方面预测景区旅游的季节变化特性，即官方统计旅游人数、实际到访的旅游人数，以及未被统计在内的旅游人数。见表6－19、表6－20、表6－21。

表6－19 2006—2010年度普陀山景区官方统计旅游人数的每月比例

月份	2006年	2007年	2008年	2009年	2010年
1	0.04	0.03	0.02	0.06	0.03
2	0.07	0.08	0.07	0.07	0.09
3	0.11	0.08	0.11	0.11	0.10
4	0.10	0.13	0.11	0.11	0.13
5	0.13	0.14	0.11	0.11	0.12
6	0.07	0.07	0.06	0.06	0.09
7	0.10	0.09	0.11	0.10	0.12
8	0.09	0.08	0.09	0.10	0.09
9	0.06	0.06	0.07	0.06	0.05
10	0.12	0.12	0.13	0.12	0.11
11	0.08	0.08	0.07	0.07	0.05
12	0.03	0.04	0.03	0.02	0.04
合计	1.00	1.00	1.00	1.00	1.00

表6－20 2006—2010年度普陀山景区实际到访旅游人数的每月比例

月份	2006年	2007年	2008年	2009年	2010年
1	0.06	0.05	0.05	0.05	0.06
2	0.09	0.08	0.08	0.08	0.07
3	0.10	0.09	0.10	0.09	0.09
4	0.09	0.10	0.10	0.10	0.11

续表

月份	2006 年	2007 年	2008 年	2009 年	2010 年
5	0.10	0.11	0.10	0.09	0.08
6	0.06	0.08	0.07	0.08	0.08
7	0.09	0.10	0.09	0.08	0.09
8	0.10	0.09	0.10	0.09	0.11
9	0.07	0.07	0.07	0.08	0.07
10	0.09	0.10	0.11	0.09	0.11
11	0.09	0.08	0.08	0.10	0.08
12	0.06	0.05	0.05	0.08	0.05
合计	1.00	1.00	1.00	1.00	1.00

表 6－21　2006—2010 年度普陀山景区未被统计旅游人数的每月比例

月份	2006 年	2007 年	2008 年	2009 年	2010 年
1	0.10	0.09	0.11	0.04	0.12
2	0.13	0.08	0.10	0.09	0.03
3	0.08	0.12	0.07	0.05	0.07
4	0.07	0.04	0.07	0.07	0.07
5	0.03	0.02	0.05	0.06	－0.01
6	0.06	0.10	0.09	0.10	0.07
7	0.07	0.11	0.04	0.05	0.03
8	0.12	0.12	0.12	0.06	0.14
9	0.09	0.08	0.09	0.11	0.13
10	0.04	0.06	0.05	0.03	0.11
11	0.11	0.10	0.12	0.15	0.15
12	0.11	0.09	0.09	0.19	0.09
合计	1.00	1.00	1.00	1.00	1.00

对 2006—2010 年度的旅游人数及其月份比例求算术平均值，

如图 6－33、图 6－34、图 6－35 中的平均值曲线所示，并将其中的平均值项整理成表 6－22。

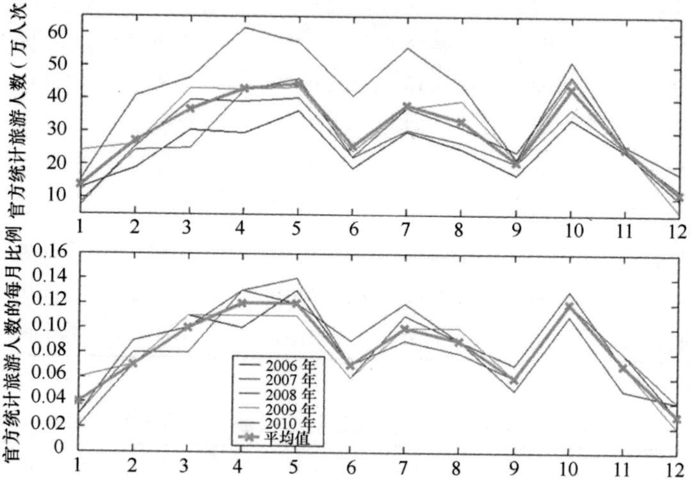

图 6－33　2006—2010 年度普陀山景区官方统计旅游人数及月份的比例

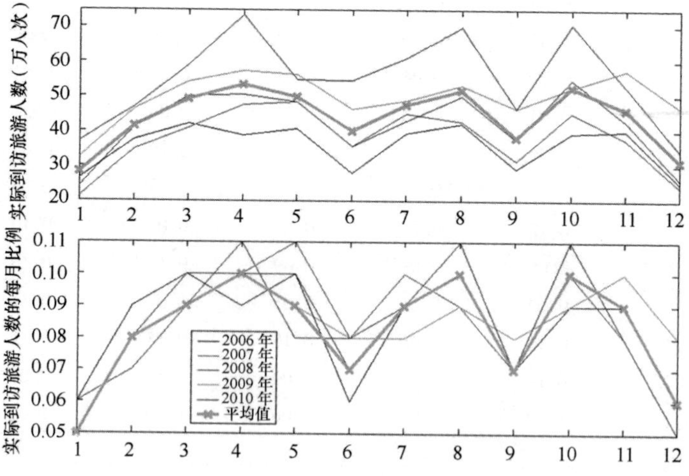

图 6－34　2006—2010 年度普陀山景区实际到访旅游人数及月份的比例

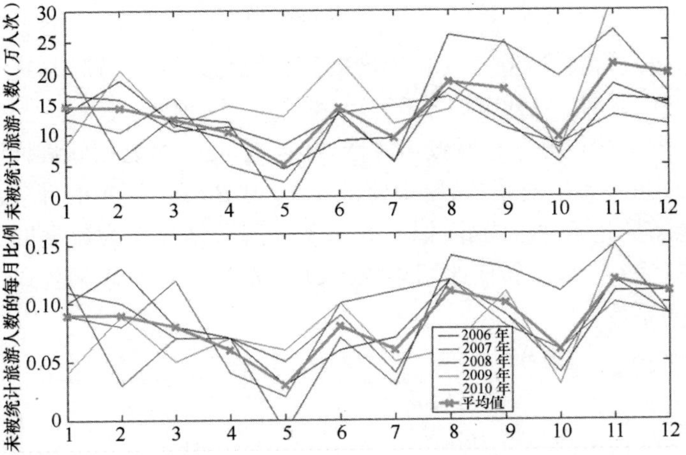

图 6－35　2006—2010 年度普陀山景区未被统计旅游人数及月份的比例

表 6－22　2006—2010 年度普陀山景区月平均旅游人数及其月比例均值

月份	官方统计均值		实到人数均值		未被统计均值	
	旅游人数	比例	旅游人数	比例	旅游人数	比例
1	13.75	0.038	28.20	0.053	14.45	0.090
2	27.15	0.074	41.35	0.079	14.20	0.087
3	36.84	0.101	49.22	0.093	12.39	0.078
4	43.08	0.118	53.46	0.100	10.38	0.061
5	44.58	0.124	49.71	0.095	5.12	0.030
6	25.72	0.070	39.95	0.075	14.23	0.085
7	38.05	0.104	47.41	0.090	9.36	0.059
8	33.29	0.091	51.64	0.097	18.36	0.114
9	20.97	0.059	38.17	0.072	17.20	0.101
10	43.07	0.119	52.53	0.099	9.46	0.057
11	24.95	0.071	46.11	0.087	21.16	0.124
12	11.41	0.032	31.10	0.058	19.69	0.113
合计	362.86	1.000	528.87	1.000	166.01	1.000

6.5.2.4 参数估计

按月份将2006—2010年度的官方统计人数(横轴)与未被统计人数(纵轴)的分布如图6-36和图6-37所示。

图中的点分布相对较为零散,样本数量过少,若用线性回归求解公式(6-64)的系数,原则要求$\alpha>0$和$\beta>0$。图中的部分月份不能满足此条件。为此,以6.5.2.3预测的结果作为数据的分布概率(表6-23),转而改用年统计数据做线性回归,求解公式(6-64)的系数。

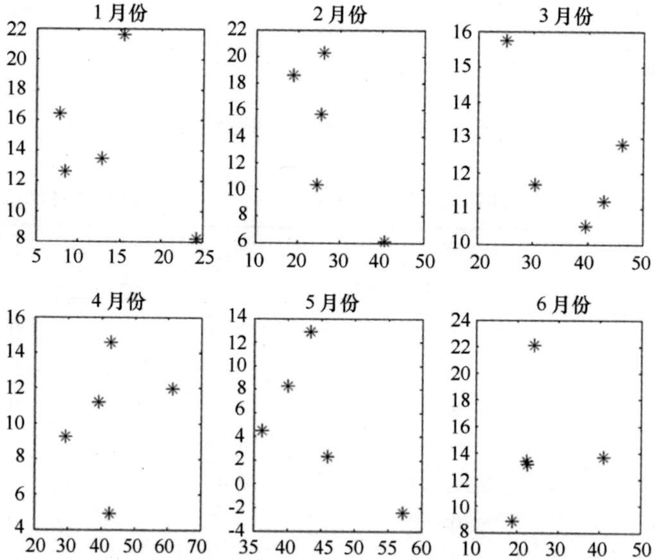

图6-36 1—6月份官方统计人数与未被统计人数的关系

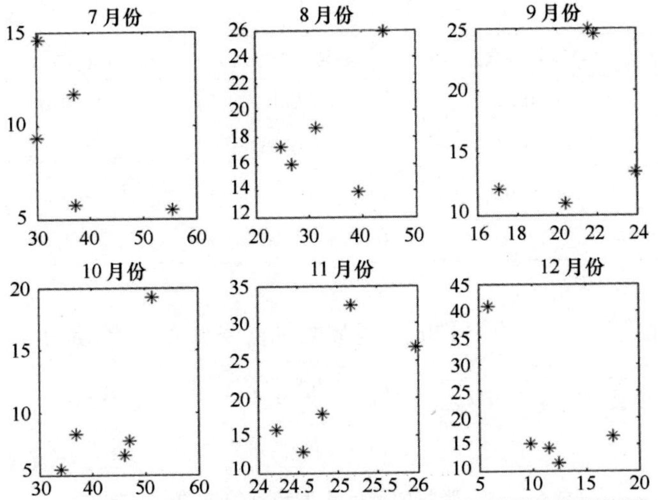

图 6－37　7—12 月份官方统计人数与未被统计人数的关系

表 6－23　普陀山景区每月旅游人数的概率分布

月份	官方统计人数分布 Po	实到人数分布 Pa	未被统计人数分布 Pu
1	0.04	0.05	0.09
2	0.07	0.08	0.09
3	0.10	0.09	0.08
4	0.12	0.10	0.06
5	0.12	0.09	0.03
6	0.07	0.07	0.08
7	0.10	0.09	0.06
8	0.09	0.10	0.11
9	0.06	0.07	0.10

续表

月份	官方统计人数分布 Po	实到人数分布 Pa	未被统计人数分布 Pu
10	0.12	0.10	0.06
11	0.07	0.09	0.12
12	0.03	0.06	0.11
合计	1.00	1.00	1.00

由公式(6－70)可知，α 系数的月概率分布与 Po 是一致的：

$$\alpha = \sum_{h=1}^{12} \alpha^h \frac{N_{mO}^h}{N_O} = \sum_{h=1}^{12} \alpha^h P_O^h = \sum_{h=1}^{12} \alpha^h f(\alpha^h)\text{，其中 } N_{mO}^h = N_O P_O^h \tag{6－79}$$

表 6－24　普陀山景区年度统计数据的回归样本

年份	旅游人数(万人次)		常住户籍人口(万人)	
	官方统计 N_O	未被统计 N_U	舟山市 N_{TR}	景区N_R
2006	286.61	141.53	96.58	0.481 1
2007	320.33	133.58	96.69	0.480 7
2008	350.42	153.09	96.77	0.481 7
2009	378.49	219.59	96.77	0.482 3
2010	478.43	182.25	96.77	0.485 5
年均值	362.856	166.008	96.716	0.482 26

$$N_U = \alpha N_O + \beta(N_{TR} - N_R) \tag{6－80}$$

对公式(6－80)以表 6－24 的数据为样本，作线性回归。可得表 6－25：

表 6－25　普陀山景区年度统计数据的多元线性回归

变量	多元线性回归			
	系数	标准差	t	p
官方统计 α	0.285	0.224	1.274	0.292
居民人数 β	0.649	0.858	0.756	0.504

注：拟合优度为 0.978。

假定 β 系数符合均匀分布（每月等额），同时，将公式（6－80）的数据取样本均值，结合表 6－23 的概率分布。即可求解公式（6－64）每月份的 α 系数。

α 的月份估计值											
1	2	3	4	5	6	7	8	9	10	11	12
0.713	0.348	0.211	0.117	−0.006	0.351	0.122	0.414	0.539	0.100	0.601	1.181

α 的期望值：$E(\alpha)=0.285$。

游客在景区留宿的比例：在旅游的旺季相对较低，在旅游的淡季相对较高。从绝对的数量上来看也是如此：旅游的旺季留宿人数较少，而淡季留宿人数较多，参见图 6－38。在旅游旺季，由于景区的旅游人数处在拥挤临界点的附近，甚至出现局部景点的拥挤现象，使得旅游的舒适感和愉悦感下降。在 5 月份，甚至出现负值，可解释为前两月均为旅游的高峰，连续 3 个月份的高峰致使景区的治理和管理未能及时跟上，使得 5 月份的景区出现轻微的拥挤，使得部分游客在景区的逗留时间缩短（不足平均时间）。故使得 SUW 统计的结果与实际情况不一致。而 12 月份，出现部分游客在景区连续逗留好几天。另外，上述的结果，与 β 系数的假设有较大的关系。

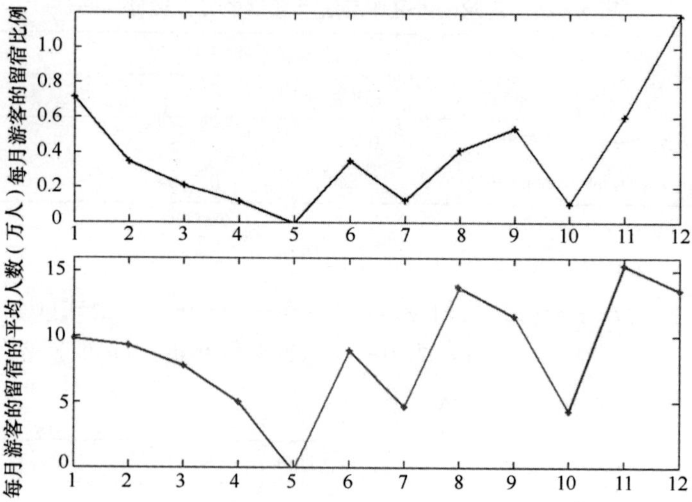

图 6－38　每月在景区留宿的人数及其比例

6.6　景区综合评价与预测

6.6.1　景区资源配置

从生态景区资源配置的效率角度出发，在景区未出现拥挤的情况理应免费向游人开放。但是为了防止景区因拥挤而使景区生态遭受破坏，适当的收费却是一种有效的控制手段。提供景区公共物品所需的费用，可由税收转移支付。在未出现拥挤的情况下，向游人收费是一种效率损失。

假定来访游客每次的人均消费为 s，转移税率为 t，均衡点（拥挤临界点）在 $V = V_{MAX}$ 处。如图 6－39 所示，A 和 B 点均未出现拥挤。

当门票由 P_1 降到 P_2 时（$A \rightarrow B$），将会引起消费者剩余（MCS）和门票收入（R）的变化。

▲　增加的消费者剩余（ΔMCS）是：（ΔMCS）= 面积"P_1ABP_2"；

▲　门票收入的增量（ΔR）是：（ΔR）= 面积"V_1CBV_2" − 面积"P_1ACP_2"；

▲　ΔMCS + ΔR 是：面积"V_1ABV_2"。

ΔR 的大小取决于需求曲线的弧弹性：$E_d^{AB} > 1, \Delta R > 0$；$E_d^{AB} = 1, \Delta R = 0$；$E_d^{AB} < 1, \Delta R < 0$。当弹性大于等于 1 时，（ΔMCS > 0）和（$\Delta R \geqslant 0$），符合帕累托改进准则；当弹性小于 1 时，（$\Delta MCS + \Delta R$）$\geqslant 0$，符合潜在帕累托改进准则（补偿准则）。

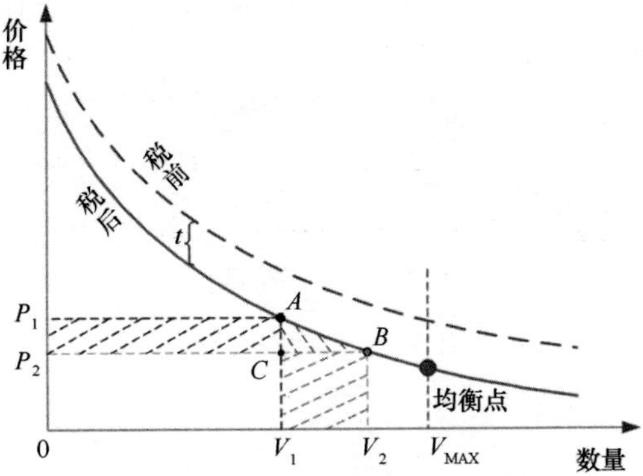

图 6－39　潜在帕累托改进示意图

6.6.2　旅游的价格弹性

旅游人次具有明显季节变化的景区，按其规律在不同的季节应单独分析。这里仅考虑淡季和旺季两种情况，参见图 6－40。淡季需求曲线位于旺季需求曲线的下方。需求弹性的求解，参见公式(6－44)。

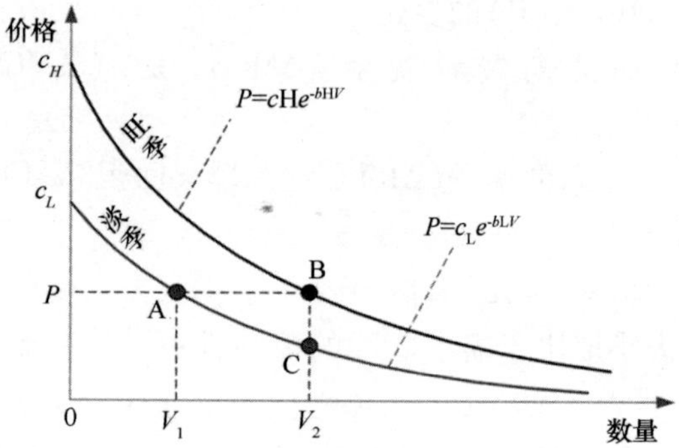

图 6－40 旅游旺季和淡季的价格弹性

在 A、B 点弹性比较：

$$\frac{E_d^A}{E_d^B} = \frac{b_H V_2}{b_L V_1} = \frac{b_H}{b_L}\frac{V_2}{V_1} \tag{6-81}$$

在 B、C 点弹性比较：

$$\frac{E_d^C}{E_d^B} = \frac{b_H}{b_L} \tag{6-82}$$

在 A、C 点弹性比较：

$$\frac{E_d^A}{E_d^C} = \frac{V_2}{V_1} \tag{6-83}$$

景区资源在配置有效率时，在旅游的旺季和淡季应采取不同的票价。

6.6.3 景区综合评价

6.6.3.1 客观评价流程

以环境监测的实际数据为依据对景区环境的治理做出客观的

评价,其流程如图6－41所示。若景区的环境状况没有出现恶化(改善或是维持在原有的水平),则认为景区在环境的治理上是有效率的。若景区的环境状况出现了恶化现象,则需借助SUW的统计结果判断治理预算是否充足;如果是因为实到人次远大于官方统计的人次(即旅游压力指数 $P_C \gg P_C$),可以认为是治理投入不足引起的,在来年应增加治理预算;如果实到人次在合理范围内,则景区的环境治理是无效率的,有待加强管理。

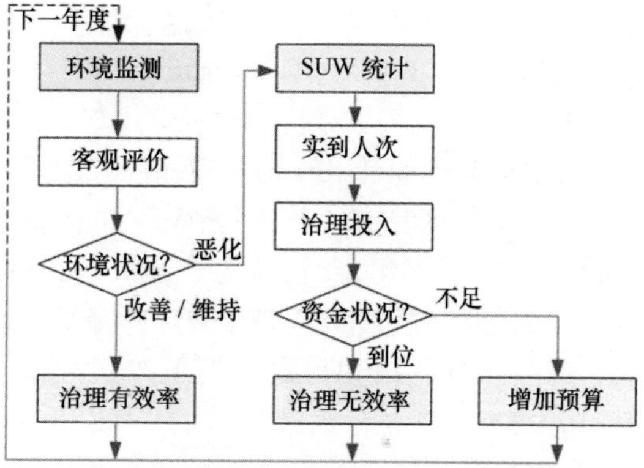

图6－41　生态景区综合客观评价流程

6.6.3.2　主观评价流程

以对到访游客的问卷调查结果为依据,判断景区的目标市场是否发生变化,以及通过游客主观支付意愿(WTP)的对比判断景区状况有无改善,其流程如图6－42所示。由希克斯消费者剩余(参见3.2.2)可知,更高的WTP对应着更优的环境质量,可反映出环境治理的效果、服务业的服务质量、景区管理效果等。

通过问卷调查,首先判断客源分布的目标市场是否发生了变动。若客源分布发生了变化,则对景区的来年规划时需根据变化后的目标客源重新定位;在客源分布基本未变的情况下,通过对

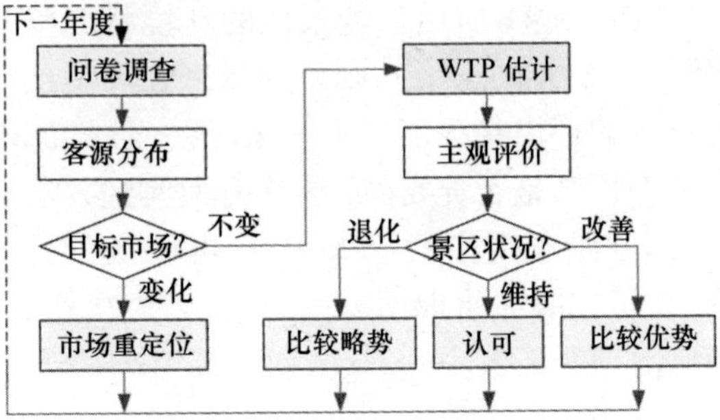

图 6－42　生态景区综合主观评价流程

WTP(需经 CPI 调整到基准年份)前后年份的比较,可以得出:WTP 的升高意味着本景区具有比较优势;WTP 的降低意味着本景区处于比较略势;WTP 基本恒定时,认为游客对景区还是认可的。

对比较优势/略势的理解,若 WTP 的升高/降低是因为生态景区整体的 WTP 升高/降低引起的,则认为生态景区相比于其他景区具有比较优势/略势;若生态景区整体的 WTP 不变,WTP 的升高/降低,则认为本景区相比于其他生态景区具有比较优势/略势。

6.6.4　景区理性预测

对生态景区的来年(或是未来年份)做出理性的预测,可分别基于三个方面:预期的治理投入、预期的旅游业绩收入、预期的到访人次。其流程如图 6－43 所示。

假定景区的环境维持现状(即存量增量指数 =0),人均消费为 s(含税,不含门票),转移税率为 t,入园票价为 p,则有:

$$TC = tY + pN_O = tY + p\frac{Y}{s} \tag{6-84}$$

6.6.4.1　预期治理投入

当预期环境治理投入 TC 固定时,则有:

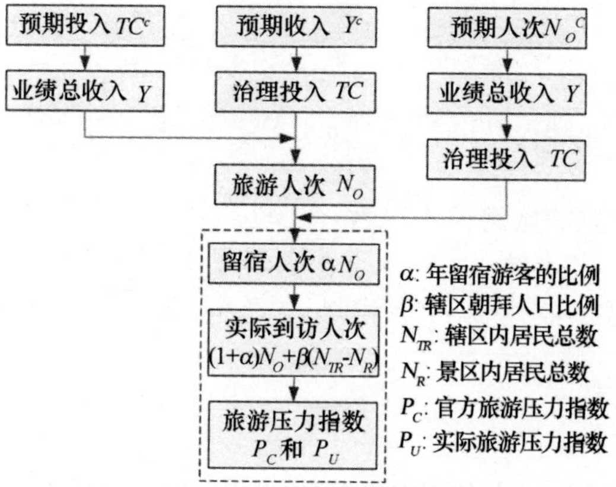

图 6－43　生态景区理性预测流程

▲　旅游业绩总收入：$Y=\frac{s}{ts+p}TC^{C}$；

▲　旅游人次总数：$N_O=\frac{Y}{s}=\frac{TC^{C}}{ts+p}$；

▲　实际到访人次总数：$N_O=N_U=(1+\alpha)\frac{TC^{C}}{ts+p}+\beta(N_{TR}-N_R)$；

▲　官方的旅游压力指数：$P_C=\frac{N_O}{N_R}=\frac{TC^{C}}{(ts+p)N_R}$；

▲　实际的旅游压力指数：$P_U=\frac{N_O+N_U}{N_R}=(1+\alpha)\frac{TC^{C}}{(ts+p)N_R}+\beta\left(\frac{N_{TR}}{N_R}-1\right)$。

6.6.4.2　预期业绩收入

当预期旅游业绩总收入 Y 固定时，则有：

▲　环境治理总投入：$TC=\left(t+\frac{p}{s}\right)Y^{C}$；

- 旅游人次总数：$N_O = \frac{Y^C}{s}$；
- 实际到访人次总数：$N_O + N_U = (1+\alpha)\frac{Y^C}{s} + \beta(N_{TR} - N_R)$；
- 官方的旅游压力指数：$P_C = \frac{N_O}{N_R} = \frac{Y^C}{sN_R}$；
- 实际的旅游压力指数：$P_U = \frac{N_O + N_U}{N_R} = (1+\alpha)\frac{Y^C}{sN_R} + \beta\left(\frac{N_{TR}}{N_R} - 1\right)$。

6.6.4.3 预期旅游人次

当预期旅游人次总数 N_O 固定时，则有：

- 旅游业绩总收入：$Y = sN_O^C$；
- 环境治理总投入：$TC = \left(t + \frac{p}{s}\right)Y^C = (ts + p)N_O^C$；
- 实际到访人次总数：$N_O + N_U = (1+\alpha)N_O^C + \beta(N_{TR} - N_R)$；
- 官方的旅游压力指数：$P_C = \frac{N_O^C}{N_R}$；
- 实际的旅游压力指数：$P_U = \frac{N_O + N_U}{N_R} = (1+\alpha)\frac{N_O^C}{N_R} + \beta\left(\frac{N_{TR}}{N_R} - 1\right)$。

6.6.5 普陀山来年预测的实例

从前文的分析可以得出，景区接纳游客的容量是可以随着治理技术水平、景区管理水平以及游客自身的文明程度的提高而扩大的。生态景区拥挤的临界点相对来说是一个软约束：由 6.5.2 的分析可知，近几年游客绝对数量的最高峰出现在每年的 4 月份，而景区的拥挤现象却往往发生在 5 月份；主要是因为持续 3 个月份(3—5 月)的旅游高峰，使得每年 5 月份景区的治理效果和旅游景区的管理出现不尽人意的地方，使到访游客的愉悦感和舒适感大打折扣，而致使景区出现人为的拥挤现象；7—8 月份也是旅游的高峰，但经 9 月休整，10 月的旅游高峰仍属正常(未出现拥挤)。

由历年到访普陀山游客的数据，可对未来年份的游客数量作出理性的预测(图 6－44，表 6－26)。历年数据可见“附录 C. 1 普陀山景区旅游统计数据”。

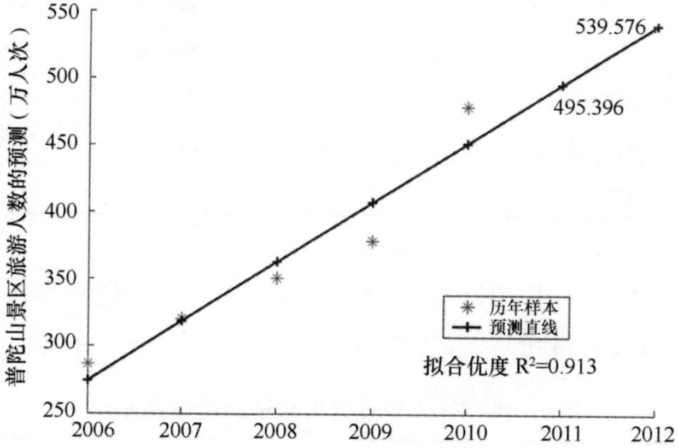

图 6－44　普陀山景区的旅游人数预测

表 6－26　普陀山景区旅游人数预测　　万人次

年份	2006	2007	2008	2009	2010	2011	2012
旅游人数	286. 61	320. 33	350. 42	378. 49	478. 43		
预测值	274. 50	318. 68	362. 86	407. 04	451. 22	495. 40	539. 58
直线拟合优度：R^2 ＝0. 913							

下文将以2011年的预测人数为实例进行阐述。这里，仍以2010年的物价为基准，以2010年的数据为依据对2011年作出预测。2010年景区的平均票价和人均消费分别为153.21元和560.37元；游客留宿比例为0.285，当地居民游访比例为0.649。

表6－27　2011年景区的预测数据及其同比值

2011年的预测结果			2010年数据	同比涨幅（%）
预测人次	495.396	（万人次）	478.43	3.55
未被统计人次	203.677	（万人次）	182.25	11.76
实际到访人次	699.073	（万人次）	660.68	5.81
旅游总收入	277.605	（千万元）	268.10	3.55
治理总成本	75.900	（千万元）	73.30	3.55
官方的旅游压力指数	1 020.383		985.44	3.55
实际的旅游压力指数	1 439.902		1 360.82	5.81

将表6－27中2011年预测的旅游人数数据，进一步按表6－22的系数进行月份预测，可得表6－28。

表6－28　2011年景区每月预测的旅游人数　　万人次

月份	1月	2月	3月	4月	5月	6月
官方统计	18.798 39	36.584 6	50.262 98	58.345 94	61.296 91	34.545 8
实到人数	37.210 37	55.172 2	65.359 96	70.194 61	66.382 27	52.280 6
未被统计	18.428 97	17.813 3	15.893 75	12.519 81	6.069 006	17.286 8
月份	7月	8月	9月	10月	11月	12月
官方统计	51.507 11	45.161 6	29.156 16	59.152 88	34.954 59	15.629 1
实到人数	62.937 41	68.089 8	50.264 49	69.259 19	61.101 66	40.82
未被统计	12.047 91	23.198 3	20.516 57	11.680 8	25.249 28	22.972

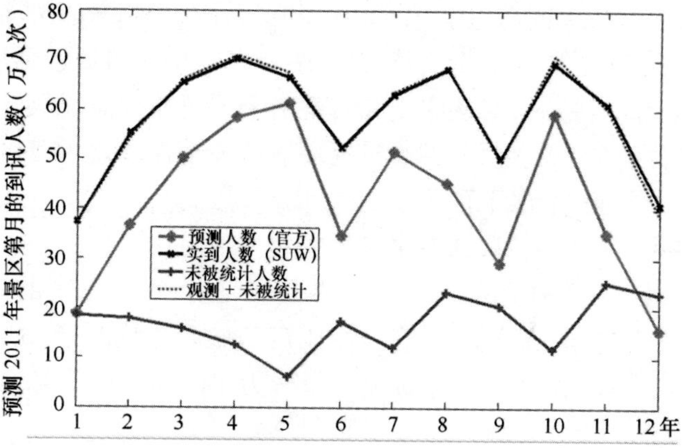

图 6 - 45　预测 2011 年景区每月的到访人数

从图中可见，每年仍有三次旅游的高峰，分别出现在 3—5 月份、7—8 月份，以及 10 月份。虚线是官方统计人数与未被统计人数按月份之和（叠加得到实际到访人数），与曲线（由分布函数得到的实际到访人数）相比，两者几乎完全吻合。

6.7　小结

本章针对生态景区的特点给出了生态资源利用的综合量化评价模型，运用的评价方法有：评价指标的指数化分析、CVM 评价、TCM 评价、SUW 评价。CVM 和 TCM 是用来评价环境资源价值手段的常用方法；SUW 统计量的引入，是为了在环境遭受破坏时提供有力的分析工具，也是景区容量确定的重要参考依据。针对生态景区的可持续利用特征，本章构建了指数化的量化建模：将景区的环境指标、旅游业绩收入、治理投入成本等进行指数化的量化，在无量纲的数值基础上进行建模，并作线性回归分析；确立了景区容量与治理成本的函数关系，确立了景区作为公共物品的转移支付税率，证明了景区无论收费与否，消费者支付和消费者剩余实际上是不变的。最后，再从主观和客观两个不同的方面，制定的景区综合评价的参考流程，以判断景区环境治理是否有效率；对景区来年状况的预测，给出了预测模型和计算方法。

在作实证研究时，选取了风景秀丽的普陀山景区，并以最近5年的数据为样本作回归分析。样本数据显示，每年景区的游客访问具有鲜明的季节特征，具有三个固定的旅游高峰时期(3—5月，7—8月，10月份)；环境指标显示景区历年的环境质量基本不变、维持稳定，符合本章对生态景区的基本定义要求。

6.7.1 指数化环境评价

景区的环境净化系数是0.055，单点指数的净化成本是1.27千万元，单点指数的对应产值是4.96千万元；$TC-Y$ 曲线的 Y 截距是31.72千万元远离实际的样本值，使得景区供给转移税率接近其最大值26.34%；旅游收入若以样本均值计算，则景区供给的实际转移税率是22.38%；而景区的治理成本与旅游业总收入比例是23.7%。三者(税率、比率)是比较接近的，通过收费手段使得景区入园的总人数得到有效控制，有效地避免了生态环境遭受破坏。

6.7.2 CVM评价

针对旅游的季节特性，做了两次不同的问卷调查，分别采用支付卡式和二分式的问卷调查。在分析过程中，引入了三个经济特征变量：收入I、年龄A、学历E。对于支付卡式问卷，采用了线性回归和半对数回归方法，分别计算得到游客的最大支付意愿(WTP)是323.49元和267.52元。对二分式问卷，采用了二元Logistic 回归分析，计算得到游客的最大支付意愿（WTP）是 320.26 元。

6.7.3　TCM 评价

基于两次问卷调查的结果，对旅游的旺季和淡季分别作了 TCM 分析。在 TCM 四点假设（参见 3.6）的基础上，进行五区域的建模分析；在分别求得各区域需求曲线之后，再拟合成总的需求曲线，包括指数形式的解析表达。指数形式的需求曲线是一条连续可导的光滑曲线，更便于微观经济分析，给出了求解 MCS 的解析表达和需求的弹性分析。经回归分析后，可得需求曲线的解析表达：旺季的需求曲线：$P = 620.79e^{-0.003V}$，淡季的需求曲线：$P = 616.46e^{-0.007V}$；假设景区免费开放时，马歇尔消费者剩余 MCS 的总和是 $2.95x10^9$ 元。

6.7.4　SUW 评价

根据景区旅游的季节特性和当地习俗，将到访的实际游客次数进一步行细分为：官方统计的游客次数、未被统计的游客次数、当地居民的到访次数。根据 SUW 统计量模型，可按月份计算得到景区实际到访的次数，进而得到每月未被统计的游客次数。由样本数据，可得旅游的官方压力指数和实际压力指数的趋势是一致的，呈现逐年递增；结合生态景区的假定，景区容量随着技术进步和服务的改进，是可以增加变大的，是一个软件指标。经线性回归后，求得游客年平均留宿比例是 28.5%，当地居民（非景区）年平均出游比例是 64.9%；结合季节特性，进而求得每月份的留宿比例。

6.7.5 综合评价

在分析了需求曲线的价格弹性，以及弹性与 MCS 的变化关系；之后，给出了基于环境监测和 SUW 统计量的客观综合评价流程，以用来判断景区的实际治理是否有效率？基于问卷调查得到 *WTP* 的主观综合评价流程，以用来判断游客对景区环境主观感知和认可的程度。最后，基于不同的三种预置值（预期投入、预期收入、预期人数），对景区的来年状况作出预测。在生态景区假设的基础上，先经线性预测得到 2011 年的到访人数（相当于官方统计值），再由 α 和 β 的估计值计算得到 2011 年的实际到访人数；进而可以预测出 2011 年的总收入、总治理投入、旅游压力指数等；最后，根据 α 的月度分布，可推测 2011 年景区每个月份的到访游客人数。

第 7 章　生态旅游资源的可持续开发策略

以大自然为取向的各种旅游猛增，但旅游经营部门在旅游资源开发与产品利用等方面只顾眼前即得利益，致使景区内生态环境破坏、物种多样性受到侵害，忽视了旅游资源的观赏价值，使得旅游资源可持续利用问题日趋突出。

7.1　生态旅游资源的开发利用原则

在生态旅游开发与利用中，生态环境保护是发展的前题和基础。开发成功与否的标准关键在于和谐处理生态景区的自然状态，旅游资源在经济、社会、生态中的利用，以及旅游游憩地之间的协调关系。为此，在生态旅游资源的开发与利用中应遵循以下几点原则。

7.1.1　合理开发、有效利用、科学发展

实现生态旅游资源的可持续发展，应树立科学的发展观，促进资源的合理开发和有效利用，要加强重视对生态资源尤其是海岛生态资源的环境保护和监管力度。一是加强对海岛生态环境资源的评价、加强对海岛生态旅游资源的保护和环境改善；二是加强对海岛生态旅游资源开发利用的监督与管理、加强环境监测工作，应加大执法监督力度，合理开发、有序开发有限的海岛生态旅游资源，做到资源配置代际有效；三是建立健全有效的投资机制、多方

位的融资渠道，加强对投资项目的审核和资金利用的监管力度；四是依靠科技手段，提升旅游产品与服务的技术含量，力求在利用模式及方法上有所创新，已达到低能耗、零污染的新境界。

7.1.2 开发、利用、保护三者兼顾

认真贯彻落实国务院颁布的《节约能源法》、《清洁生产促进法》、《循环经济促进法》和《可再生能源法》。发展海岛生态旅游，应加强法制建设，做到有法可依、有法必依、执法必严、违法必究。在海岛旅游资源的开发与利用中，应注意对海岛生态系统和旅游资源的保护，应强调对海水、沙滩、滩涂的重点保护，增强对海水、沙滩、滩涂、大气等的环境观测和监控。真正做到在保护中开发、在开发中保护，创建安全、健康的海岛生态旅游开发与保护的良性新循环。

7.1.3 经济、社会、环境协同发展

对生态旅游资源的开发与利用时，应坚持科学规划在先，经济、社会、环境三者协同兼顾的原则；减少资源消耗，降低环境污染，促进劳动就业，提高经济效益，是科学规划与发展的内在属性和本质要求。因此，在生态旅游资源开发与利用中，因维持经济发展的低碳性、可持性，促成良性循环，推进和完善能源资源节约和环境污染治理。妥善处理好经济、社会、环境三者协同发展的关系，处理好环境保护和地方经济发展的关系；促使自然生态系统与社会经济系统间的相互促进、相互协调，实现发展的可持续性；突显海岛生态旅游的鲜明特色和发展主题，促进海岛生态旅游环境、经济、社会的又好又快发展。

7.1.4　低碳、节能、生态的健康机制

低碳性、生态性在生态旅游资源的开发与利用中非常重要。首先，提升理念、转变生态旅游开发利用的行为意识；其次，在海岛生态旅游开发利用的建设中，应健全清洁、绿色、生态、循环的良性健康机制，重视海岛的碳足迹和海岛区域的碳平衡，促进海岛生态旅游资源的可持续利用。

7.2　舟山海岛生态旅游资源的可持续策略

生态旅游资源利用引发的主要问题是环境污染治理、不可再生资源消耗，以及清洁能源的开发利用。因此，针对舟山海岛生态旅游开发与利用，应面对观念的转变与创新的挑战性，应用经济技术的评价方法，积极推进海岛旅游的绿色开发，完善海岛旅游资源可持续利用的发展战略。

7.2.1　推进海岛绿色旅游基地建设

加快舟山海岛新区生态建设，推广生态海岛发展模式。从实际出发，因地制宜，充分利用海洋海岛自身的自然和人文条件；适应区域气候特点，开发利用本岛特色的花草树木；建设具有绿化美化双重功能的旅游绿地和绿化带；努力提高舟山新区绿化率；建设环境优美、气候宜人、海岛纯朴的旅游景观；提高旅游质量，打造海岛特色生态旅游基地。

7.2.2　节能、低耗的资源利用

积极推行清洁生产，推广建立 ISO14000 环境管理体系，实现节能、降耗、减污、增效的目标，减少物耗、能耗和水耗。推进资源

节约与综合利用,积极研制和推广节电与节水的工艺、技术和设备,努力降低资源消耗。加快废弃物资源化进程,重点解决工业"三废"的回收利用,提高资源综合利用水平,保护生态旅游资源,创造优良的旅游环境。

7.2.3 倡导绿色消费,保证食品安全

提倡健康和环保的食品消费模式,健全科学有效的安全检测和监督机制,加强食品生产、加工、流通、消费环节的全程检测与监督。抵制铺张浪费,建设生态型住宅,推行垃圾分拣和废弃物回收利用,禁止使用含磷洗涤剂。

7.2.4 综合治污,保护生态旅游环境

加强水污染综合治理,特别是加强对入海污染物的控制,加大海岸带入海排污口的综合整治,严格控制污染物的排放总量。尝试构建低碳旅游交通线,低碳交通应以低碳经济为发展核心,充分发挥低碳运输元素为交通行为特征,设计海岛低碳交通系统建设标准,推行海岛生态旅游交通减碳,实现海岛生态旅游的低碳环境。

7.2.5 保证资源的可持续利用

开发利用有限的海岛旅游资源,应协调好保护与开发的关系。海岛新区旅游事业的建设与发展、开发和利用海岛生态旅游资源,应遵循我国《海洋环境保护法》的规定:其海岛及周围海域的开发必须根据保护和改善海洋环境、保护海洋资源、维护生态平衡、促进经济和社会可持续发展以及"谁开发,谁保护"的原则。在保护中开发,建立和执行海岛旅游资源开发的科学论证机制,采取严格的措施,保护海岛的地形、岸滩、植被和海岛周围海域的生态系统。

基于海岛环境承载力的生态开发与建设，保护海岛的生态环境，保证资源的可持续利用。

7.2.6　确保海岛生态系统的可恢复性

恢复轻度受损生态系统的最有效方法，是建立自然保护区和生态功能区。恢复和重建中度和重度受损的海岛生态系统，可采用人工方法来实现。例如，利用生物技术和工程技术，建立人工群落和植被系统；在浅海区域修建缓坡状湿地，可以减弱海浪冲击，促使泥沙沉积和保护海滩，也可以为海洋生物提供栖息地；改善修复和优化水生生物栖息环境，为鱼类等生物提供索饵、繁殖和生长发育等场所；在海岛周围部分水域和人工鱼礁，可应用生物恢复技术和护滩技术，实现海岸带生物种群恢复和海岸带保护，促进生态旅游资源的有效利用和开发。

7.2.7　促进海岛、人与自然的和谐

建设海岛新区，应以人为本；大力发展生态经济、低碳经济和循环经济；建设与资源、环境承载力相适应的人口生态体系；把解决人口问题、改善人居环境与发展生态经济、保护生态环境和开发利用生态旅游资源有机结合起来；逐步实现人口规模适度、结构优化、分布合理，与资源、环境承载力相适应的低碳生活方式；实现发展竞争力与环境承载力有机统一的低碳主义，发展生态旅游事业，促进人与自然和谐共处。

7.3　小结

本章针对生态旅游资源在开发与利用中普遍存在的问题，提出了四点建设性策略，并结合舟山地区生态旅游资源的特点、特征

给出了七点较具指导性的建议。其策略的宗旨是:在生态旅游资源得到有效的保护和保存的基础上,作为环境资源,应确保资源在当今和未来每个时期的配置都有效率,体现资源代际配置的有效性;保证资源在不同时期间的有序、有效的延续和继承;充分体现资源的经济价值,提升单位产值在节能、节排、节污方面的高效性;生态旅游景区在得到有效供给和确保不拥挤的前提下,应尽可能地向游人免费开放,以提高景区资源作为公共物品的利用效率,展现环境资源的社会服务功能。

第 8 章　结论与讨论

8.1　主要研究结论

本书以舟山群岛新区旅游资源的可持续利用为研究对象，以生态学、旅游学等相关学科和相关理论为指导，回顾和分析了大量的国内外有关生态旅游的文献资料和数据，通过实证调查，利用仿真建模，对旅游资源的可持续利用问题进行了系统的研究和分析，取得如下认识与成果。

8.1.1　对舟山群岛新区旅游资源普查做出了贡献

2010 年课题组对舟山海岛旅游资源情况做了进一步的调研，结果表明：

(1) 舟山旅游资源的主类覆盖率 100%，亚类覆盖率 96.77%，基本类型覆盖率 62.58%。舟山海岛生态旅游资源基本类型按国家标准覆的盖率依次为：旅游商品覆盖率 100%，人文活动的覆盖率为 87.5%，建筑与设施覆盖率为 77.55%，天象与气候景覆盖率为 62.5%，地文景观覆盖率为 51.35%，遗址遗迹覆盖率为 58.33%，生物景观覆盖率为 45.45%，水域风光覆盖率为 26.67%。

(2) 舟山海岛现有旅游单体 1 083 个，其中有地文景观单体 316 个、水域风光类单体 37 个、生物类 18 个、天景气候景观 17 个、遗址建迹 59 个、建筑与设施类 511 个、旅游商品类旅游单体 47

个、人文活动类78个。其中2个国家级、2个省级景区。其丰富的旅游资源、优良的旅游产品，是为游客创造舒适旅游环境的必备条件。

(3)本调查的结果与2004年9月李隆华教授对舟山市旅游资源普查比较：从2004—2010年的6年中，舟山海岛旅游资源单体新增231个，消失7个。新增资源单体主要集中在：普陀区新增83个、嵊泗县新增80个、定海区新增54个、岱山县新增14个。在新增的231个旅游单体中，涵盖了7个主类、17个亚类，以及45个基本类型，主要以开发利用建筑与设施、地文景观和人文活动为主。其中，遗址遗迹14处、水域风光9处、天气与气象景观5处、生物景观2处。消失的7个旅游单体，主要是休闲娱乐场所的消失、海岛文化节庆的终止。本调查为浙江舟山群岛新区旅游资源的规划和科学开发利用提供了基础依据。

8.1.2 舟山群岛新区旅游资源开发潜力与不足

以浙江舟山群岛新区旅游资源普查数据资料为基础，依据国家标准，借鉴区域旅游资源的定量等评价方法，研究分析了舟山群岛新区旅游资源储量、丰度、品质和旅游资源的类型结构等进行综合评价，结果如下。

(1)舟山群岛新区的地文景观的独特魅力，在于海光山色、古朴壮美，海瀚、礁美、滩佳、石奇、崖险、岛屿星罗棋布等特点。且与陈列馆、博物馆、碑林、摩崖字画、佛塔、特色街港、水库观光休憩等人文景观的结合，对中外游客具有强大的吸引力。舟山群岛新区的地文景观和人文景观开发利用空间广阔。

(2)舟山群岛新区气象与气候资源具有巨大开发利用潜力。海岛多年的气压、气温、湿度、风、降水、日照等的大气物理现象的综合，包括平均状况和极端状况的气候，大气中有各种各样的光现象、声现象和电现象等给舟山群岛新区带来了奇妙的气象景观。

海岛气候天象,千变万化,气象景观、气候资源与岩石圈、水圈、生物圈旅游资源景观相结合,再加上人文景观旅游资源的点缀,就构成了丰富多彩的气候天象旅游资源。有长时间保持的大气物理状况,宜人的气候资源,美丽的海岛景观,短时间的雨景、云雾景、明月、日出、云霞、幻景等和偶然发生的佛光、海市蜃楼、雾凇、雨凇等气象景观。产生的高低、孤立、分散、明淡波浪起伏的云条、云块、云海波澜壮阔。

(3)海岛有其自身独特的生态系统,其资源是稀缺的、有限的。海岛生态旅游资源的开发利用在满足广大旅游者需求的同时,大众化的旅游已构成对海岛生态旅游环境的污染和破坏。尤其在开发利用中破坏原生态等方面的问题时有发生,并日趋恶化,表现在生态环境的破坏,环境污染日益严重,粗放开发和盲目利用,开发利用的短期行为等,致使旅游资源利用效率下降,海岛原有的自然风貌遭到破坏,海岛独特的旅游资源景观损坏,甚至丧失,其观赏价值大打折扣。

8.1.3　借鉴指数化分析、CVM 评价、TCM 评价、SUW 评价等指标

构建了生态资源利用的综合量化评价模型;针对生态景区的可持续利用特征,构建了指数化的量化建模。将景区的环境指标、旅游业绩收入、治理投入成本等进行指数化的量化,在无量纲的数值基础上进行建模,并作线性回归分析;确立了景区容量与治理成本的函数关系,确立了景区作为公共物品的转移支付税率,证明了景区无论收费与否消费者支付和消费者剩余实际上是不变的。最后,再从主观和客观两个不同的方面,制定的景区综合评价的参考流程,以判断景区环境治理是否有效率。对景区来年状况的预测,给出了预测模型和计算方法。为旅游景区生态环境的治理效果提供了计算方法。

8.1.4 以数据为样本做回归分析

通过指数化环境评价、CVM 评价、TCM 评价、SUW 评价和综合评价方法对普陀山景区实证研究最近 5 年的数据为样本作回归分析显示：

(1)景区的旅游具有鲜明的季节性,具有三个固定的旅游高峰时期(3—5 月，7—8 月和 10 月份)；

(2)通过景区收费手段,使得景区入山的总人数得到有效控制,有效地避免了生态环境遭受破坏；

(3)环境指标显示景区历年的环境质量基本不变,维持稳定,符合本章对生态景区的基本定义要求。

8.1.5 生态环境保护是发展的前题和基础

在生态旅游开发与利用中,开发成功与否的标准,关键在于和谐处理生态景区的自然状态,旅游资源在经济、社会、生态中的利用,以及旅游游憩地之间的协调关系。提出树立科学的发展观,促进资源的合理开发和有效利用原则,坚持科学规划在先,经济、社会、环境三者协同兼顾的原则,坚持经济、社会、环境协同发展的原则,健全清洁、绿色、生态、循环的良性健康机制,重视海岛的碳足迹和海岛区域的碳平衡,坚持海岛生态旅游资源的可持续利用原则。

8.1.6 舟山群岛新区生态旅游资源可持续利用的策略

(1)充分利用海洋海岛自身的自然和人文条件,建设环境优美、气候宜人、纯朴高质量的海岛特色生态旅游基地。

(2)转变观念,创新和应用经济技术的评价方法,积极推进海岛旅游资源的绿色开发和资源的可持续利用发展战略。

（3）提高资源综合利用水平，保护生态旅游资源，创造优良的旅游环境，实现节能、降耗、减污、增效的目标。

（4）提倡健康和环护的食品消费模式，倡导绿色消费，保证食品安全，综合治污，保护生态旅游环境。

（5）加强对入海污染物的控制，加大海岸带入海排污口的综合整治，尝试构建低碳旅游交通线，实现海岛生态旅游的低碳环境。

（6）坚持在保护中开发，建立和执行旅游资源开发的科学论证机制，基于海岛环境承载力的生态开发与建设，保证资源的可持续利用。

（7）以人为本，发展生态经济、低碳经济和循环经济，建设与资源、环境承载力相适应的人口生态体系，加强自然生态和海岛生态系统保护，促进海岛、人与自然的和谐。

8.1.7　本研究的重要观点

（1）生态旅游（按单位产值计算）是一种低能耗、低消耗、低污染的新型绿色产业，其发展要符合环保、低碳这一时代的主流。

（2）生态旅游利用注重的是对自然和人文景观的欣赏与观光。

（3）旅游资源的开发与利用要注重对景区资源的保护与继承。

（4）发展要注重当地经济的发展和福利水平的提高，注重人、自然与环境的协调发展。

（5）旅游资源的可持续利用就是注重当代人与子孙后代的和平共处。

8.2 创新与不足

8.2.1 本研究的创新之处

8.2.1.1 构建评价指标体系

针对生态景区的可持续利用特征，对海岛环境进行了理想化建模，构建了指数化的量化建模，选用评价指标的指数化分析、CVM 评价、TCM 评价、SUW 评价等方法对景区的综合治理效果进行评价分析，以求景区环境治理的有效性。

8.2.1.2 创新研究方法

选取了风景秀丽的普陀山景区作实证研究，将景区的环境指标、旅游业绩收入、治理投入成本等进行指数化的量化，在无量纲的数值基础上进行建模，并作线性回归分析，预测景区旅游总收入、总治理投入、旅游压力指数等。

8.2.1.3 观点上的创新

一是本研究通过对浙江舟山群岛新区旅游资源普查，获取了旅游资源的最新基础数据基础上，首次明确提出舟山群岛新区的地文景观的独特魅力在于自然景观，提出舟山群岛新区的地文景观、人文景观、气象与气候资源具有巨大开发利用潜力。二是首次将健康和环护的食品消费模式、绿色消费与综合治污、保护生态旅游环境结合在一起论述。三是生态旅游（按单位产值计算）是一种低能耗、低消耗、低污染的新型绿色产业，其发展要符合环保、低碳这一时代的主流。

8.2.2 本研究的不足之处

（1）在研究探讨旅游资源利用中，尽管笔者尽量将研究的理论与构建的模型应用在实证研究中,但由于海岛有其独特的地理单元,研究海岛生态旅游资源利用涉及海岛生态系统的复杂性、旅游资源多样性等,尤其环境现状的数据很难收集,因此不可避免地对模型应用的验证较弱。

(2)旅游资源利用评价应用模式近乎雷同,笔者在创新量化评价指标体系及创新评价模型的构建上还不成熟,需要进一步研究。

(3)由于笔者的能力和水平有限,本研究没有设计舟山群岛新区生态旅游资源可持续利用的规划与布局,此项研究有待于笔者下一步设计和研究。

8.3　思考与讨论

8.3.1　本研究的意义重大而深远

(1)浙江舟山群岛新区是继上海浦东新区、天津滨海新区和重庆两江新区后,党中央、国务院决定设立的又一个国家级新区,也是我国首个以海洋经济为主题的国家战略层面的新区。新区的发展目标是逐步建成中国大宗商品储运中转加工交易中心、东部地区重要的海上开放门户、海洋海岛综合保护开发示范区、重要的现代海洋产业基地、陆海统筹发展先行区。在中央及国务院的顶层设计中,舟山群岛新区将成为长三角经济发展新的增长极。本研究以浙江舟山群岛新区为例,讨论了生态旅游资源的利用,为舟山群岛新区旅游业发展提供可借鉴的理论与实践,对于舟山群岛新区建设和发展意义重大而深远。

(2)21 世纪是人类开发海洋、发展海洋经济的新时代。随着社会经济的高速增长,陆域资源、能源和空间的压力与日俱增。海洋占地球表面积约71%,仅已探明的海底石油和天然气储量约占世界总量的45%,90%以上的国际贸易货运量靠海洋运输来完成,世界海洋经济产值平均每年以11%的速度增长,预计到2020年,全球海洋经济产值将达到30 000亿美元。世界各国已不约而同地把目光转向资源丰富、地域广袤的海洋,海洋是人类存在与发展的资源宝库和地球上的最后空间。舟山群岛新区发展空间广阔。

(3)2009年美国发布的《美国海岸带和海洋经济现状报告》指出,为了保持美国全球经济中心的地位,必须确保海洋资源的可持续利用。人类社会正在以全新的姿态向海洋海岛进军,海洋海岛是沿海国家竞争发展战略性新兴产业、构建国际竞争新优势、赢得发展主动权的重要领域。面对这场未来全球经济发展的新舞台,世界各国都在激烈角逐,一个通过利用海洋海岛获取空间、资源和创造财富的激烈竞争格局已经形成。人类社会每一次大规模开发利用海洋,都会造成资源的严重资源耗竭和资源的破坏。海岛资源的利用和保护问题应该提到重要的议事日程上。

8.3.2 思考的问题

(1)旅游资源可持续利用问题研究,虽然是一般研究领域,而笔者却认为是重要的研究领域。它关系到当代人与子孙后代的公平,关系到国计民生,关系到社会的和谐与文明,关系到资源的可持续发展,关系到国家的长治久安。

(2)世界各国纷纷把建设海洋强国作为国家和地区的长期发展战略。那么,我们必须重视开发海洋海岛的同时,加大海洋开发和管理的力度,建立健全法律机制。更重要的是如何将开发利用海岛造成的危害,变为开发利用海岛资源给人类社会发展带来推动力、更高的生产力水平,更新的文明形态,特别是资源能否可持续的有效利用是值得思考和今后讨论的重点问题之一。

参 考 文 献

[1] 保继刚,楚义芳. 旅游地理学[M]. 北京:高等教育出版社,1999

[2] 保继刚. 颐和园旅游环境容量研究[[J]. 中国环境科学,1987(2),32 - 36

[3] 陈红. 条件价值法在森林生态旅游产品价值评估中的运用[J]. 绿色中国,2005.20

[4] 陈金华. 试论闽南沿海湿地生态旅游资源可持续利用[J]. 福建水土保持,2004(16), 10 - 12

[5] 陈敬堂. 关于广东省恩平县旅游资源开发初探[J]. 华南师范大学学报(自然科学版),1985, 01, 28 - 32

[6] 陈烈,王山河,丁焕峰等. 无居民海岛生态旅游发展战略研究[J]. 经济地理,2004,24(5),3

[7] 陈全松. 厦门市无居民海岛可持续开发策略研究[D]. 海洋与海岸带发展研究院,硕士学位论文,2010

[8] 邓伟,刘福涛. 辽宁省海岛生态旅游资源开发和保护[J]. 资源科学,1996(4), 68 - 72

[9] 丁娟,张光生,焦华富. 试论我国自然保护区生态旅游的管理[J]. 安徽师范大学学报,2003, 26 (3), 284 - 289

[10] 杜春艳. 论城市旅游规划的问题及对策[J]. 现代商贸工业,2010(7), 126 - 127

[11] 范水生. 休闲农业旅游资源经济价值评估方法研究[J]. 集体经济,2010.5 (上)

[12] 范业正,陶伟,刘锋. 国外旅游规划研究进展及主要思想方法[J]. 地理科学进展,1998, (3): 89 - 95

[13] 房艳刚. 中国自然保护区生态旅游开发与管理[D]. 东北师范大学,硕士论文,2003

[14] 符霞. 国外旅游环境容量理论的发展历程[[J]. 四川林勘设计,2006(2), 9 - 14

[15] 高建. 海岛旅游开发模式探讨[D]. 浙江大学,硕士学位论文,2007
[16] 葛瑞卿. 我国滨海旅游的发展问题[J]. 世界科学,1985(5), 62
[17] 官卫华,姚士谋. 国外国家公园发展经验及其对我国国家风景名胜区实践创新的启示[J]. 江苏城市规划,2007(2), 27-30
[18] 郭来喜. 中国生态旅游——持续旅游的基石[J]. 地理科学进展,1997.4
[19] 郭珊. 澳大利亚滨海体闲旅游区生态利用研究[D]. 天津大学,硕士学位论文,2008
[20] 郭舒. 生态旅游概念泛化思考[J]. 旅游学刊,2002,17(1), 34-38
[21] 郭薇. 基于生态伦理的旅游资源可持续开发利用研究——兼论四川旅游业灾后重建问题研究[D]. 成都理工大学,硕士学位论文,2009
[22] 郭亚军. 综合评价理论、方法及应用[M]. 北京:科学出版社,2007.5
[23] 国家旅游局. 中国旅游统计年鉴 2010
[24] 国家旅游局. 中国旅游业发展"十五"计划和 2015 年,2020 年远景目标纲要[M]. 北京:中国旅游出版社, 2001
[25] 何丽芳. 论湖南生态旅游资源的可持续利用[J]. 绿色中国,2004.3, 54-55
[26] 何书金,李秀彬等. 环渤海地区滩涂资源特点与开发利用模式[J]. 地理科学进展,2002(01), 25-34
[27] 侯国林,黄震方等. 江苏盐城海滨湿地社区参与生态旅游开发模式研究[J]. 人文地理,2007(06), 124-128
[28] 侯景亮. 烟台滨海生态旅游环境管理的探讨[J]. 特区经济,2005(8), 171-172
[29] 胡静,秦志玉. 析自然意识在生态旅游规划中的指导作用[J]. 中国人口资源与环境,2006(1), 14-17
[30] 黄渝祥 张庆洪. 现代应用经济学[M]. 北京:高等教育出版社. 2003
[31] 黄震方,黄金文等. 海滨湿地生态旅游可持续开发模式研究——以江苏盐城海滨湿地为例[J]. 人文地理,2007(05), 118-123
[32] 贾慧敏. 基于模糊综合评价模型的旅游资源评价[J]. 科技和产业,2009(3), 28-30, 49
[33] 孔凡斌,王晶. 自然保护区生态旅游规划研究现状与展望[J]. 世界

林业研究,2006(5) 77 - 80

[34] 孔海燕. 发展旅游对海岛环境的影响及应对策略研究[J]. 四川环境,2005,24(3), 76 - 77

[35] 乐忠奎. 舟山海岛旅游环境可持续发展初步研究[J]. 东海海洋,2000,6,18(2), 58 - 63

[36] 李滨等. 略论青年海岛旅游产品的开发——以舟山为例[J]. 商业研究,2003 (09)

[37] 李果,李王峰. 从土地利用角度谈生态旅游规划[J]. 北京规划建设,2008.1 98 - 100

[38] 李华. 近十年国外生态旅游研究状况分析[J]. 世界地理研究,2009(2), 111 - 120

[39] 李经龙,郑淑婧等. 旅游规划核心内容动态分析[J]. 地理与地理信息科学,2005(1), 84 - 87

[40] 李铭,孙心亮,武弘麟. 景观生态学在旅游规划中的应用[J]. 水土保持研究,2005 (4) 63 - 66

[41] 李淑娟,隋玉正. 海岛旅游开发生态风险管理对策与措施研究[J]. 资源开发与市场,2010(8), 762 - 764

[42] 李涛. 生态旅游规划与景观生态[J]. 广东农业科学,2007(1), 94 - 96

[43] 李永东,陆其峰,潘晓玲. 阜康市生态旅游规划研究[J]. 新疆环境保护,2003(1) 6 - 8

[44] 梁慧,张立明. 国外生态旅游实践对发展我国生态旅游的启示[[J]. 北京第二外国语学院学报,2004, (1): 76 - 82

[45] 梁锦梅. 生态旅游地开发与管理研究[J]. 经济地理,2001, 21(9), 629 - 631

[46] 梁振民,朱波. 循环经济理论在区域旅游规划中的应用[J]. 四川经济管理学院学报,2010(1), 6 - 9

[47] 林河山,余兴光,龙邹霞. 湄洲岛生态旅游资源可持续利用对策[J]. 台湾海峡, 2008 (27)

[48] 凌强. 日本生态旅游发展的措施、问题与启示[J]. 日本问题研究,2010(01), 45 - 49

[49] 刘德智,李杨等. 循环经济理念下旅游资源可持续利用问题研究[J]. 理论导刊,2010(5), 97 - 99
[50] 刘家明. 国内外海岛旅游开发[J]. 华中师范大学学报,2000,9,34(3), 349 - 352
[51] 刘玲. 旅游环境承载力研究方法初探[J]. 安徽师范大学学报(自然科学版),1998(3)
[52] 刘晓冰,保继刚. 旅游开发的环境影响研究进展[[J]. 地理研究,1996(4), 92 - 99
[53] 刘玉. 美国生态文学及生态批评述评[J]. 外国文学研究,2005, (1)
[54] 刘忠伟,王仰麟,陈忠晓. 景观生态学与生态旅游规划管理[J]. 地理研究,2001 (2) 206 - 212
[55] 卢昆. 山东省海岛旅游开发研究[D]. 青岛大学,硕士学位论文,2004
[56] 卢云亭. 生态旅游学[M]. 旅游教育出版社,2004 第二版
[57] 罗杰.伯曼,马越等. 自然资源与环境经济学[M]. 北京:中国经济出版社,2002 第二版
[58] 吕敏,闫来英. 谈生态旅游规划与旅游业的可持续发展[J]. 九江学院学报(社会科学版),2005 (4) 61 - 63
[59] 马晓峰. 对农业旅游土地资源价值评估的探究[J]. 全国商情(理论研究),2010.5
[60] 孟昭荣. 丹东生态旅游资源可持续利用的探讨[J]. 丹东师专导报,2002(24), 31 - 33
[61] 庞振刚,徐瑞华等. 象山港区域开发海洋生态旅游[J]. 宁波经济(财经视点),2003(09), 27 - 29
[62] 彭静,朱法. 海岛文化研究进展及展望[J]. 人文地理,2006(2), 99 - 103
[63] 任淑华,蔡克勤. 舟山海岛旅游产业可持续发展研究[J]. 海洋开发与管理,2009(6), 42 - 45
[64] 任淑华. 舟山旅游资源条件评价[J]. 中国商界,2008.10
[65] 任淑华等. 旅游业的发展研究——以舟山为例[J]. 科研管理,2011(4)136 - 143
[66] 任淑华等. 舟山海岛旅游开发策略研究[J] 经济地理,2011(2)

322 - 327
[67] 任宪友,吴胜军等. 洪湖湿地生态旅游开发探讨[J]. 资源环境与发展,2006(4), 4 - 8
[68] 萨缪尔森. 经济学[M]. 北京:人民邮电出版社,2003 第十七版
[69] 邵学珍. 基于可持续发展的海岛生态旅游研究——以舟山群岛为例[J]. 浙江国际海运职业技术学院学报,2008(01), 19 - 24
[70] 申葆嘉. 国外旅游研究进展[J]. 旅游学刊,1996(02), 50 - 51
[71] 石金莲,李俊清. 生态旅游规划方法[J]. 林业实用技术,2002(3) 42
[72] 斯蒂格利茨. 经济学[M]. 北京:中国人民大学出版社,2005 第三版
[73] 孙琦. 关于生态旅游内涵的思考[J]. 林业经济问题,2005(3), 176 - 177
[74] 唐怀举,梁桂盛. 试论 SWOT 分析在海岛生态旅游概念规划中的应用——以湛江市特呈岛生态旅游度假区概念规划为例[J]. 小城镇建设,2008.7
[75] 田克勤. 山东海岛生态旅游资源优势和开发对策[J]. 海洋科学,1998(3), 68 - 70
[76] 万绪才等. 国外生态旅游研究进展[J]. 旅游学刊. 2002(2), 68 - 72
[77] 汪嘉熙. 发展旅游事业中的一些环境生态问题[J]. 生态学杂志,1985(4), 39 - 41
[78] 汪嘉熙. 苏州园林风景旅游价值及其环境保护对策研究[[J]. 环境科学,1986(4), 83 - 88
[79] 王建军. 生态旅游资源评价与开发规划研究——景观与环境可持续利用的理论与实践[D]. 中国地质大学(北京),博士学位论文,2006
[80] 王明舜. 中国海岛经济发展模式及其实现途径研究[D]. 中国海洋大学,博士学位论文,2009
[81] 王娜,赵吉云. 长岛县旅游与海岛发展良性互动关系研究[J]. 河南科技,2010(12), 115
[82] 王文斌. 旅游景区环境承载力研究[D]. 西南交通大学,博士学位论文,2007
[83] 王玉兴,宋文静. 兴城生态旅游建设初探[J]. 中国科技信息,2007(2), 200 - 201

[84] 王跃伟. 舟山市海岛旅游发展战略研究[D]. 辽宁师范大学,硕士学位论文,2006
[85] 王忠成. 基于可持续发展的海岛生态旅游研究——以舟山群岛为例[D]. 青岛大学硕士,2010
[86] 魏宏森,姜炜. 科技、经济、社会与环境持续协调发展的反馈机制研究[J]. 系统工程理论与实践,1996(6), 77-82
[87] 吴楚材,吴章文等. 生态旅游定义辨析[J]. 中南林业科技大学学报,2009(5), 2-6
[88] 吴楚材,吴章文等. 生态旅游概念的研究[J]. 旅游学刊,2007(1), 69-71
[89] 吴景初. 从水生生态平衡谈西湖治理[J]. 环境污染与防治,1980(2), 37-38
[90] 伍鹏. 马尔代夫群岛和舟山群岛旅游开发比较[J]. 渔业经济研究,2006 (3), 19-24
[91] 辛克勤. 关于无锡市旅游资源开发初探[J]. 经济地理,1985, 03, 231-236
[92] 熊昫,刘胜祥,罗宪庆等. 生态足迹方法在规划环境影响评价中的应用[J]. 国土资源科技管理,2008(3) 99-102
[93] 徐菲菲. 滨海生态旅游地可持续发展模式研究——以江苏连云港为例[J]. 经济地理,2003, 547-550
[94] 许娟,霍小平等. 城市近郊旅游生态村规划研究[J]. 城镇规划,2010(7), 47-52
[95] 许晓薇. 福州闽江口湿地生态旅游资源的利用与保护究[J]. 现代商贸工业,2008.4, 70-71
[96] 杨阿莉. 增长极理论对西部生态旅游规划的启示[J]. 开发研究,2006, 6, 79-82
[97] 杨开忠,许峰,权晓红. 生态旅游概念内涵、原则与演进[J]. 人文地理,2001(16), 4
[98] 杨奇美. 海岛旅游地居民的影响感知研究[J]. 旅游经济,2008 (5), 163-165
[99] 杨锐. 风景区环境容量初探——建立风景区环境容量概念体系[J].

城市规划汇刊,1996(6):12－15
[100] 杨效忠,陆林. 舟山群岛旅游资源空间结构研究[J]. 地理与地理信息科学,2004,9,20(5),88－91
[101] 杨正荣. 保护、开发利用鸡足山自然生态资源发展旅游事业的探讨[J]. 生态经济,1986(01),32－37
[102] 叶正波. 可持续发展评估理论及实践[M]. 北京:中国环境科学出版社,2000,103－109
[103] 于雯雯. CVM 方法在生态旅游资源价值评估中的应用——以北京植物园为例[D]. 首都师范大学,硕士学位论文,2008
[104] 于笑云等. 我国自然保护区生态旅游开发与管理的研究现状及展望[J]. 西部林业科学,2007(2),134－137
[105] 俞孔坚. 可持续环境与发展规划的途径及其有效性[[J]. 自然资源学报,1998(1),8－15
[106] 袁旭梅. 区域"经济－资源－环境"复合系统协调发展分析、建模与评价研究[D]. 天津大学,博士学位论文,1998
[107] 袁用道等. 恩施生态旅游发展战略研究[J]. 安徽农业科学,2007(1),176－177,214
[108] 张建萍. 生态旅游与当地居民利益——肯尼亚生态旅游成功经验分析[J]. 自然资源学报,2003,19(1),60－63
[109] 张树夫,唐继刚等. 江苏沿海生态旅游资源开发研究[J]. 地理学与国土研究,2000(03),75－78
[110] 张小利. 大众旅游、生态旅游与可持续发展[J]. 广西社会科学,2007(1),68－70
[111] 张岳军,侯志强,陈金华等. 厦门环城游憩带的定位及其旅游资源价值评价研究[J]. 北京第二外国语学院学报,2010,5,59－64,85
[112] 张云生,陆文姝. 海岛森林公园旅游开发探讨——以大陈岛生态旅游开发为例[J]. 林业资源管理,2002(06),54－57
[113] 浙江省人民政府. 浙江省"十二五"发展规划
[114] 郑黎文,赖庆源,吴继林. 天宝岩自然保护区生态旅游规划的若干问题探讨[J]. 华东森林经理,2000(3),54－56
[115] 舟山市人民政府. 舟山市"十一五"发展规划

[116] 舟山市人民政府. 舟山市旅游资源普查总报告,2004 年
[117] 舟山市人民政府. 舟山市志,1992
[118] 舟山市人民政府. 舟山统计年鉴(1990、2004、2006、2007、2008、2009、2010)
[119] 周世强. 生态旅游开发应重视和加强旅游行为的研究与管理[J]. 四川林勘设计,2000(1), 31 -32, 49
[120] 周笑源. 生态旅游内涵再论[J]. 旅游学刊,2003,18(1), 64 -67
[121] 周志建,李陇堂,胡燕琴等. 宁夏三关口明长城旅游资源评价与资源开发初步研究[J]. 资源环境与发展,2009(2), 36 -40
[122] Alexis Saveriades. Establishing the social tourism carrying capacity for the tourist resorts of the east coast of the republic of Cyprus [J]. Tourism Management, 2000, 21(2): 147 -156
[123] B. A. Masberg, N. Morales. A Case Analysis of Strategies in Ecotourism Development [J]. Aquatic Ecosystem Health and Management, 1999 (2), 289 -300
[124] Bater, J. H. Sustainable Development of Small Island Economics [J]. Annals of Tourism Research, 1997, 24(1), 255 -256
[125] Boo, E. . Making Ecotourism Sustainable: Recommendations for Planning, Development and Management [J]. In Nature Tourism: Managing for the Environment, 1991, 187 -199
[126] Buckley. An Ecological Perspective on Carrying Capacity [J]. Annals of Tourism Research, 1999, 26(3): 705 -708
[127] C. M. Hall, S. McArthur. Ecotourism in Antarctica and adjacent sub - Antarctic islands: development, impacts, management and prospects for the future [J]. Tourism Management, 1993, 14(2): 117 -122
[128] Ceballos LH. The future of ecotourism [J]. Mexico Journal, 1987. 1, 13 -14
[129] Choongki Lee, Juhee Lee, Sangyoel Han. Measuring the Economic Value of Ecotourism Resources: the Case of South Korea [J]. Journal of Travel Research, 1998 (Spring), 40 -54
[130] ChoongKi Lee. Valuation of Nature based Tourism Resources Using Di-

chotomous Choice Contingent Valuation Method [J]. Tourism Management, 1999(3), 587 - 591
[131] Clement Darnley Lewsey. Assessing the environmental effects of tourism development on the carrying capacity of small island systems: The case for Barbados [J]. Annals of Tourism Research, 1982, 9(4): 608
[132] Edward Inskeep. Tourism Planning: an integrated and sustainable approach [M], Van Nostrand Reinhold, 1991
[133] Elio Canestrelli, Paolo Costa. Tourist Carrying Capacity - - A Fuzzy Approach [J]. Annals of Tourism Research, 1991, 18: 295 - 311
[134] Ercan Sirakaya, Vinod Sasidharan, Sevil Sonmez. Redefining Eco - tourism: The Need for A Supply Side View [J]. Journal of Travel Research, 1999.9, 168 - 180
[135] Fennell D. A. Ecotourism in Canada [J]. Annals of Tourism Research, 1999, 26(1): 232 - 235
[136] Gunderson, L. H. Holling etc. Understanding Transformations in Human and Natural Systems [M]. Island Press, Washington, DC, 2002
[137] Gunn C A. Tourism Planning (third edition) [M]. New York: Taylor & Francis, 1994.
[138] Harry Coccossis, Alexandra Mexa. The Challenge ofTourism Carrying Capacity Assessment (Theory andPractice) [M]. London: Ashgate publishing ltd. 2004: 37 - 42
[139] Hillery, M. Nancarrow, B. Griffin etc. Tourist perception of environmental impact [J]. Ann. Tourism Res., 2001, 28 (4), 853 - 867
[140] Hubert Gulinck. Landscape as Framework for Integrating Local Subsistence and Ecotourism: A Case Study Zimbabwe [J]. LandScape and Urban Planning, 2001, (53), 173 - 182
[141] Petrosillo, G. Zurlini, E. Grato etc. Indicating fragility of socio - ecological tourism - based systems [J]. Ecological Indicators, 2006, 6, 104 - 113
[142] Kinci, Yuksel; Prokopaki etc. Service quality in Cretan accommodations: marketing strategies for the UK holiday market [J]. International

Journal of Hospitality Management, 2003, 22(1), 47 - 66

[143] Kleber Bladimir Machado. Willingness to Pay for Conservation Programs: A Contingent Valuation Study of the Galapagos National Park [M]. Cornell University, 2000

[144] Kun Lai, Yiping Li, Xuegang Feng. Gap between tourism planning and implementation: A case of China[J]. Tourism Management, 2006, 27(6), 1171 - 1180

[145] Lisa M Campbell. Ecotourism in Rural Developing Communities [J]. Annals of Tourism Research, 1999 (3), 534 - 553

[146] Lou Sanson. An ecotourism case study in Sub - Antarctic Islands [J]. Annals of Tourism Research, 1994, 21(2):344 - 354

[147] Manning E. R., Line W. D, Hof M. Social carrying capacity of natural areas: theory and application in the US National Parks [J]. Natural Areas Journal, 1996, 16

[148] Matthew J Walpole, Harold J Goodwin. Local Economic Impacts of Dragon Tourism in Indonesia [J]. Annals of Tourism Research, 2000 (3), 559 - 576

[149] Mieczkowski Z. Environmental issues of tourism and recreation [M]. Lanham University Press of American Inc., 1995, 309 - 343

[150] Mihalic, T. Environmental management of a tourist destination: a factor of tourism competitiveness [J]. Tourism Manage, 2000, 21, 65 - 78

[151] O'Reilly A. M. Tourism carrying capacity - concepts and issues [J]. Tourism Management, 1986, 7(3): 154 - 167

[152] Philippe Callot. New tourist frontiers or new barriers for global tourism [J]. Tourism Review Year, 2006, 61(2), 17 - 23

[153] Ritchie R, Crouch G. The Competitive Destination: A Sustainable Tourism Perspective [M] Wallingford: CABI Publishing, 2003

[154] Sandy A. Kerr. What is small island sustainable development about? [J] Ocean & Coastal Management, 2005 (48), 503 - 524

[155] Scheffer, M. Brock, W. Westley etc. Socio - economic mechanisms preventing optimum use of ecosystem services: an interdisciplinary theo-

retical analysis [M]. Ecosystems, 2000
[156] Sheryl Ross, Geoffrey Wall. Evaluating Ecotourism: The Case of North Sulawesi, Indonesia [J]. Tourism Management, 1999 (20), 673 - 682
[157] Stefan Gossling. A Means to Safeguard Ecosystem Functions [J]. Ecological Economics, 1999(29), 303 - 320
[158] Vitousek P. M.. Biological Invasions and Ecosystem Processes: towards an Integration of Population Biology and Ecosystem Studies[J]. OIKOS 57, 1990, 7 - 13
[159] Walker B., Carpenter S., Anderies J. etc. Resilience management in social - ecological systems: a working hypothesis for a participatory approach [EB]. Conserv. Ecol. 2002, 6(1), 14. http://www.consecol. Org /vo16/ iss1/art14
[160] Wall G, Wright C. The Environmental Impact of Outdoor Recreation [M]. Waterloo: University of Waterloo, 1997
[161] William J Trousdale. Governance in Context Boracay Island, Philippines [J]. Annals of Tourism Research, 1999, 24(4), 840 - 867
[162] WTO/UNEP. Guidelines: Development of National Parks and Protected Areas for Tourism [M]. Madrid: World Tourism Organization, 1992

附录 A　舟山岛屿

附录 A.1　舟山群岛分布

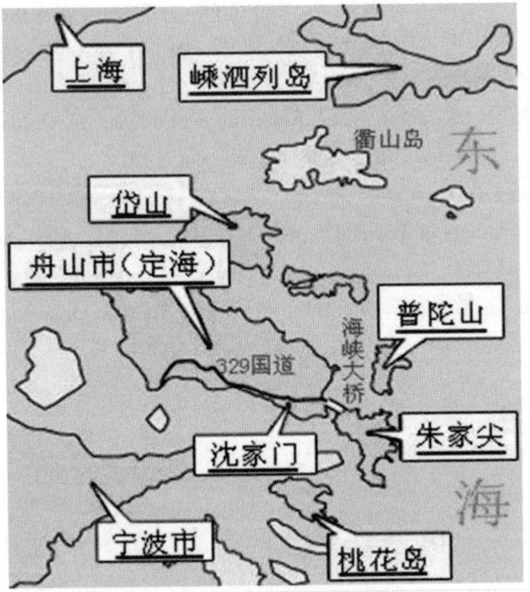

图 A－1　舟山群岛的区域位置

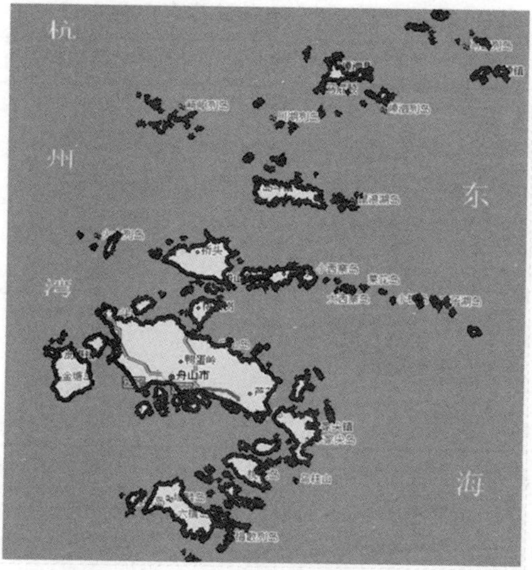

图 A－2　舟山群岛的地理位置分布

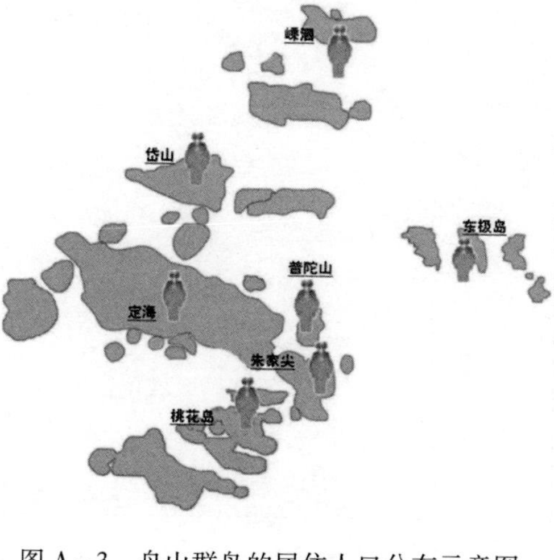

图 A－3　舟山群岛的居住人口分布示意图

表 A－1　舟山群岛居住人口分布

行政区域	陆地总面积(km^2)	居住人口总数(万人)
山群岛	1 440.12	112.13
定海	568.8	46.42
朱家尖	75.84	2.68
普陀山	16.06	1.04
岱山	326.5	20.22
嵊泗	86	7.61
桃花岛	44.43	1.733
东极岛	11.7	0.3

注：舟山群岛区域：东西长 182 千米，南北宽 169 千米；区域总面积 2.22 万平方千米，其中海域面积 2.08 万平方千米；陆地总面积 1 440.12 平方千米，其中滩涂面积 183.19 千米；舟山本岛面积：东西长 44 千米，南北宽 18 千米；陆地总面积 502.65 平方千米，其中滩涂面积 26.48 千米；舟山群岛岸线总长度 2 444 千米；其中水深 15 米以上的海岸线约 200.7 千米，水深 20 米以上的海岸线约 103.7 千米。

附录 A.2　普陀山景点分布

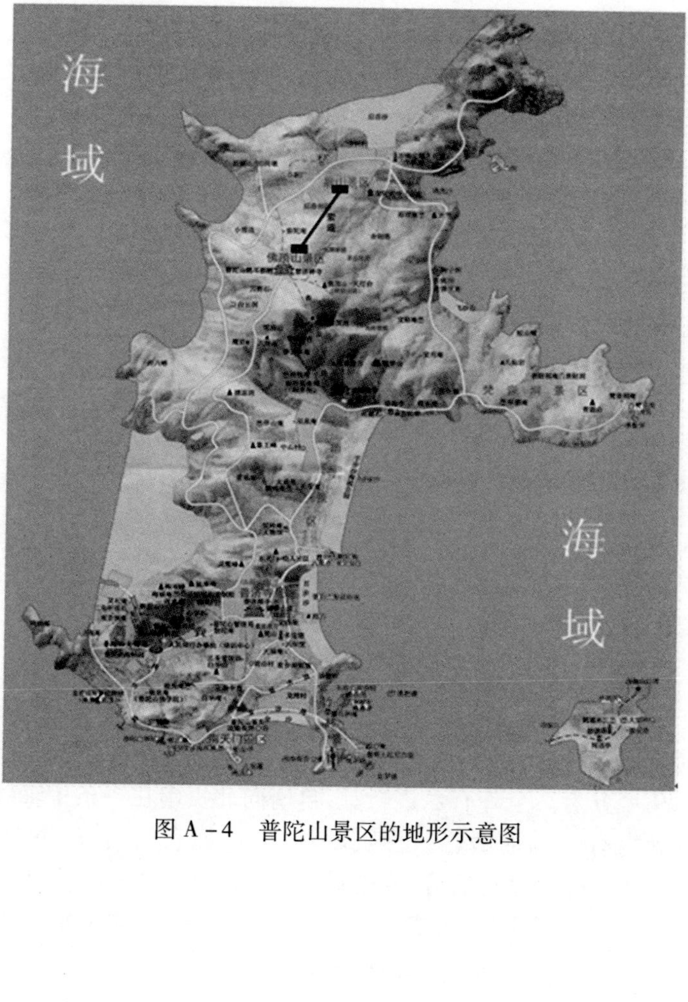

图 A-4　普陀山景区的地形示意图

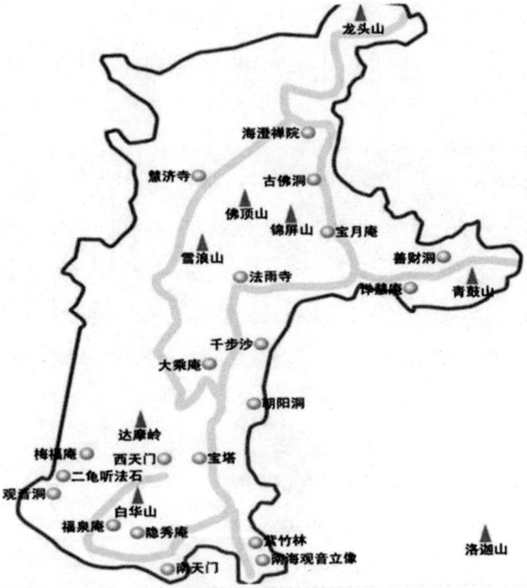

图 A－5　普陀山主要景点的分布示意图

附录 A.3　普陀山景点景观说明

普陀山三寺：普济禅寺、法雨禅寺、慧济禅寺。①普济禅寺又叫前寺，是普陀山第一大寺院。占地 37 019 平方米，建筑总面积 15 289 平方米。全寺有六进殿堂，自南向北贯串在一条中轴线上。全寺寺内有大圆通殿、天王殿、藏经楼等，殿、堂、楼、轩共计 357 间。②法雨禅寺又称后寺，在普陀山白华顶左、光熙峰下，距普济寺 2.8 千米，为普陀三大寺之一。法雨寺占地 33 408 平方米，现存殿宇 294 间，依山取势，分列六层台基上。③慧济禅寺，慧济禅寺建于佛顶山上，又名佛顶山寺。位于海拔 288.2 米的佛顶山上，深藏于浓荫翠木之中，四面环山，环境幽静古雅，是普陀山海拔最高的寺院。慧济禅寺现藏有皇帝所赐的御印三枚，分别是明万历，清康熙、嘉庆所赐，是慧济禅寺的镇寺之宝。

普陀山三宝亦称佛国三宝：指九龙藻井、杨枝观音碑、多宝塔。①九龙藻井。法雨寺九龙殿内（大圆通殿），系清康熙三十八年（1699）经康熙批准，拆迁南京明故宫琉璃瓦、九龙藻井等物发往法雨禅寺建成九龙殿（又称圆通殿），因有内槽九龙藻井而得名。②杨枝观音碑。藏于杨枝庵内，碑高 2.34 米，宽 1.33 米，厚 0.17 米。石质碑刻，市级重点文物保护单位。碑正面刻有《杨枝庵记》，背面刻有杨枝观音像，整个画像线条流畅自然，造型优美动人，系唐朝宫廷画家阎立本所绘。③多宝塔又称太子塔。位于普禅济寺左侧，建于元统二年（1334）。塔高 32 米，方形五层。上三层四面各镂古佛一尊，周檐镌蒙文；第三层四周塑观音三十二应身小像。为省级重点文物保护单位，现存全山最古老建筑，在中国的元塔中也属罕见。

普陀山三石：磐陀石、心字石、二龟听法石。①磐陀石。被誉为“天下第一石”的磐陀石，是普陀山的一大奇观，是普陀山的石中之圣。磐陀石由两块石头相磊而成，上面的石头体积达 40 余立方米，而它与底石相接触的面积仅 10 余厘米，看起来犹如悬在半空而即将坠下，实为人间奇景。②心字石。“心”字石是全山最大的摩崖石刻，仅“心”字中间的一点就可以容下七、八个人，整字可容百余人，非常罕见。“心”在佛教中是一个重要的概念，它泛指一切的精神现象。③二龟听法石。关于二龟听法石，也有一个有趣的传说。相传这二龟原是东海龙宫里的左右丞相，因来此听观音大士讲经，来不及返回龙宫，就变成了石龟。

普陀山三洞：朝阳洞、潮音洞、梵音洞。①朝阳洞。朝阳洞在普陀山几宝岭的尽头，延伸于海中的山崖上。黎明时分到此游览，只见一轮旭日“巨若车轮，赤若丹沙，忽从海底涌起，赭光万道，散射海水,前贤想曾光耀心目”。②潮音洞。潮音洞位于岛东南紫竹林庵前,龙湾之麓,不肯去观音院下人海处。洞半浸海中,纵深30米左右,崖至洞底深约10余米,洞内怪石交错,犬齿森然,不可容足。③梵音洞。梵音洞是普陀山著名的观音菩萨示现真身的岩洞,洞北侧崖壁上的“梵音洞”三字,是康熙皇帝御笔亲题。这里和紫竹林旁边的潮音洞并称为“两洞潮声”。

普陀山十二景。①莲洋午渡。莲洋就是莲花洋,位于舟山本岛与普陀山之间,北接黄大洋,南为普沈水道。②短姑圣迹。很早时在普陀山佛国山门东南约300米处海滩上有“阔十余米,长百来米,小石自相零附,两侧错列巨细不一形状各异的岩石”,出没于潮汐浪涛之中,成为旧时的天然船埠。③梅湾春晓。普陀山的早春景色,普陀山也称梅岑,因西汉梅福曾来炼丹而得名。④磐陀夕照。磐陀石一带的傍晚景色。磐陀石由上下两石相累而成,下面一块巨石底阔上尖,周广20余米,高达3米,宽近7米,呈菱形。⑤莲池夜月。海印池的月夜景色。海印池在普济禅寺山门前原是佛家信徒在此放生之池塘,后植莲花,即称“莲花池”。⑥法华灵洞。在几宝岭东天门下。出洪筏房左拐登小径拾级而上,过芳草茅篷。⑦古洞潮音。在岛东南紫竹林庵前,不肯去观音院下入海处。洞半浸海中,纵深30米左右,崖至洞底深约10余米。⑧朝阳涌日。过仙人井,登几宝岭东望,见岗上有岩斜峙似象,伸鼻举目,眺望东海,此即为象岩。⑨千步金沙。习称千步沙,在普陀山的东部海岸,南起几宝岭北,东北至望海亭。千步沙长1 270余米,故此得名。⑩光熙雪霁。光熙峰在佛顶山东南,从远处望去,翠绿丛中,峰石耸秀,似莲花,如白雪积峰。⑪茶山夙雾。茶山位于佛顶山后,自北而西,蜿蜒绵亘。山上还生长山茶花树,树高数丈,每到冬春之交,丹葩被谷,璨若珊瑚林,别是一番景致。⑫天门清梵。是普陀山最东端梵音洞的景观。从法雨禅寺经飞沙岙,过祥慧庵,即为普陀最东部的青鼓垒山。

附录 B 舟山市旅游及环境数据

附录 B.1 舟山市旅游统计数据

表 B－1 舟山旅游业产值及其占第三产业的比重

年份	第三产业产值（万元）	旅游产业总收入（万元）	旅游产业占第三产业比重(%)
1990	78 660	5 713	7.26
1991	90 992	9 831	10.80
1992	113 917	14 216	12.48
1993	162 330	25 322	15.60
1994	214 998	31 981	15.88
1995	275 904	93 500	33.89
1996	308 585	117 899	38.21
1997	349 845	130 181	37.21
1998	399 145	151 932	38.06
1999	441 064	180 459	40.91
2000	531 588	226 184	42.55
2001	598 655	293 234	48.98
2002	733 751	353 909	48.23
2003	8 56 689	356 200	41.58
2004	1 060 606	511 822	48.26
2005	1 290 546	614 075	47.58
2006	1 538 179	730 000	47.46
2007	1 844 300	853 400	46.26
2008	2 146 300	1 003 600	46.75
2009	2 336 000	1 165 200	49.88
2010	2 824 600	1 420 400	50.29

附录 B.2　舟山市环境检测数据

表 B-2　海域污染物浓度值宁波近岸　　（单位：mg/L）

年份	活性磷酸盐	无机氮	石油类
2001	0.047	0.95	
2002	0.055	0.9	0.037
2003	0.042	0.8	0.028
2004	0.032	0.52	0.018
2005	0.03	0.45	0.05
2006	0.03	0.8	0.051
2007	0.028	0.82	0.055
2008	0.019	0.83	0.02

附录 B.3　舟山市户籍人口

表 B-3　舟山市近年户籍人口

年份	2006	2007	2008	2009	2010
户籍人口（万人）	96.58	96.69	96.77	96.77	96.77

附录 B.4　舟山地区 GDP 及人均 GDP

表 B-4　舟山地区近年 GDP

年份	舟山地区 GDP (万元)	国内 CPI 指数 (2010 年[1])	CPI 调整的 GDP (2010 年[1])	常住人口 (万人)	CPI 调整人均 GDP (元)
2000	1 215 702	79.68	1 525 730.42	100.15	15 234.45
2001	1 343 755	79.35	1 693 453.06	100.68[2]	16 820.15
2002	1 573 010	79.01	1 990 899.89	101.21[2]	19 670.98
2003	1 866 184	81.54	2 288 673.04	101.74[2]	22 495.31
2004	2 312 696	83.42	2 772 351.95	102.27[2]	27 108.16
2005	2 822 516	84.74	3 330 795.37	102.80[2]	32 400.73
2006	3 406 497	87.13	3 909 671.75	102.80	38 031.83
2007	4 188 145	92.86	4 510 171.23	103.50	43 576.53
2008	5 090 376	94.03	5 413 565.88	105.40	51 362.11
2009	5 352 361	95.63	5 596 947.61	106.30	52 652.38
2010	6 334 500	100.00	6 334 500.00	112.13	56 492.46

【1】2010 年的物价为 CPI 指数计算的基准年份；
【2】在 2007 年之前的人均值是按户籍人口计算的。
为此，2001—2005 年的常住人口是线性平均的估计值。

附录C 普陀山景区旅游及环境数据

附录C.1 普陀山景区旅游统计数据

表C-1 2006—2010年度 普陀山景区旅游人数 （万人次）

月份	2006年	2007年	2008年	2009年	2010年
1	12.82	8.49	7.78	24.24	15.43
2	18.92	24.48	25.43	26.07	40.84
3	30.43	25.07	39.55	42.95	46.18
4	29.52	42.49	39.18	42.75	61.47
5	36.21	46.05	40.10	43.39	57.17
6	18.89	22.25	22.49	24.10	40.88
7	30.03	30.38	37.25	37.06	55.51
8	24.77	26.78	31.39	39.32	44.17
9	17.08	20.41	23.92	21.57	21.87
10	33.98	36.95	47.01	45.99	51.41
11	24.23	24.56	24.81	25.17	25.97
12	9.73	12.42	11.51	5.88	17.53
合计	286.61	320.33	350.42	378.49	478.43

表 C-2 2006—2010 年度 普陀山景区入园票价 （元）

年份	入园票价		CPI	CPI 调整票价	
	淡季	旺季	（2010 年基准）	淡季	旺季
2006	110	130	87.13	126.25	149.20
2007	140	160	92.86	150.76	172.30
2008	140	160	94.03	148.89	170.16
2009	140	160	95.63	146.40	167.31
2010	140	160	100.00	140.00	160.00

表 C-3 2006—2010 年度 普陀山景区旅游总收入 （亿元）

年份	景区旅游总收入	CPI（2010 年基准）	CPI 调整总收入
2006	18.44	87.13	21.16
2007	21.39	92.86	23.03
2008	23.72	94.03	25.23
2009	21.50	95.63	22.48
2010	26.81	100.00	26.81

附录 C.2 普陀山景区环境检测数据

表 C-2 普陀山景区大气环境年度均值 （mg/m^3）

年份	SO_2	NO_2	PM_{IO}
2006	0.007	0.014	0.046
2007	0.007	0.011	0.036
2008	0.009	0.012	0.038
2009	0.009	0.009	0.035
2010	0.007	0.011	0.037

注：PM_{IO}：可吸入颗粒物。

附录 C.3　普陀山景区固态垃圾排放量

表 C－5　2006—2010 年度 普陀山景区固态垃圾排放量

（单位：吨）

月份	2006	2007	2008	2009	2010
1	353. 04	305. 21	317. 71	363. 92	386. 57
2	437. 27	409. 17	443. 46	459. 97	449. 33
3	488. 61	471. 94	527. 90	531. 23	549. 61
4	456. 06	523. 82	526. 52	551. 87	653. 25
5	476. 63	536. 37	514. 25	547. 43	518. 40
6	361. 71	424. 20	406. 71	466. 25	513. 01
7	465. 04	506. 98	470. 39	489. 61	564. 81
8	488. 18	488. 69	528. 17	523. 95	632. 04
9	373. 63	387. 61	421. 18	445. 42	452. 88
10	465. 52	509. 77	565. 92	519. 27	636. 18
11	467. 03	439. 65	464. 54	472. 12	499. 50
12	341. 26	328. 74	331. 35	359. 42	364. 98
合计	5 173. 97	5 332. 16	5 518. 09	5 730. 45	6 220. 56

附录 C.4　普陀山景区人口

表 C－6　普陀山景区近年常住人口

年份	2006	2007	2008	2009	2010
常住人口（人）	4 811	4 807	4 817	4 823	4 855

附录 D　调查问卷

附录 D.1　调查问卷一(支付卡式)

普陀山旅游调查问卷

(中国地质大学．北京 2010 年 10 月)

尊敬的游客：

您好，我是旅游资源经济价值研究课题组的调查员。普陀山是我们拟定研究的一个主要景区，是我国四大佛教名山中唯一座落在海上的佛教圣地，风景秀丽，佛光普照，素有“海天佛国”之美称。能与您在此相逢，皆是有缘；您的到访，倍感荣幸之至。请允许我对您的此次旅游做一简单的问访。对您的回答我们都会认真地对待，且有助于本课题的研究；您的合理建议有可能会对旅游资源的保护起到积极的帮助。非常感谢您对本课题研究的支持和帮助！

我们郑重承诺：此次调查由课题组自行组织，调查的结果仅用于学术研究；对您的回答和个人信息将会严格保密不外泄；研究过后，将其销毁。

1. 您是第一次来访普陀山吗？　□ 是　□ 否

2. 您是每隔____来访一次普陀山。

□ 1 年　□ 3 年　□ 5 年　□ 不确定　□____

3. 您来访普陀山的主要目的是______

□ 赏风景　□ 赏佛教文化　□ 进香　□ 其他

4. 普陀山是您这次出游的唯一目的地吗？

□ 是　□ 否

5. 您这次出游方式(搭乘的交通工具)是____

□ 旅游团　□ 自驾游　□ 其他______

6. 您的出行地点距离普陀山大约______千米。(请您选择最接近的数字)

□ 150 千米内　□ 150 - 250　□ 250 - 450　□ 450 - 750

□ 750 - 1200　□ 1200 - 1700　□ 其他______

7. 您预计在普陀山景区内游玩____天。

□ 1 天　□ 2 天　□ 3 天　□ 其他______

8. 您预计在舟山境内游玩____天。

□ 2 天　□ 3 天　□ 5 天　□ 其他______

9. 您对当前的现状“购票排队,候船等待”满意吗?

□ 不满意　□ 满意

10. 您对当前的拥挤现象,有何看法?

□ 接受　□ 能理解　□ 不能接受　□ 需改进

11. 您对景区的自然环境和管理现状,感觉满意吗?

□ 满意　□ 不满意　□ 需改进,您的建议______

为此,我们课题组对普陀山的状况做出以下两种不同的假定:

12. 假定一:

加强对普陀山景区的环境治理和旅游团队的管理,已到达水更清、天更蓝、空气更加清新宜人。在取消景区入园门票和园内各景点小门票的同时,解决了目前侯船和各景点的排队拥挤现象,使您的游览更加称心如意,挽回您因排队和拥挤而浪费的时间。

改善后,您是否更愿意常来普陀山游玩?　□ 是　□ 否

改善后,您是否愿意增加来普陀山游玩的次数?　□ 是　□ 否

如果您愿意提供力所能及的帮助,就能使普陀山景区达到“假定一”的改善状态,您是否愿意提供帮助?　□ 是　□ 否

如果您愿意提供帮助,且按单次来访普陀山计量,那么您愿意最大支付__ __元(人民币)。

□1　□5　□15　□30　□50　□70　□100　□150　□200

□250　□300　□350　□500　□700　□900　□1 200　□其他____

13. 假定二：

目前国家正在加大、加强对海洋资源的开发力度，海洋开发活动的频繁势必会影响到附近的海域及其海岛环境。如果因发展的需要，将普陀山改做其他的商用目的（如商用货运码头），

您认为这种改变用途能否接收？ □ 接收 □ 拒绝

如果改做其他商用目的，那么您认为因失去这一景点您最低应得到____元（人民币）作为补偿才合适。

□5 □20 □50 □100 □200 □350 □600 □900 □1300

□1 800 □2 500 □5 000 □不确定 □不能接受 □其他____

14. 您的性别： □ 男 □ 女

15. 您的年龄： □ 20 以下 □ 20 – 30 □ 30 – 40

□ 40 – 50 □ 50 – 60 □ 60 以上

16. 您接受的教育程度： □ 高中及以下 □ 高职/大专

□ 本科 □ 硕士 □ 博士

17. 您所从事的行业： □ 军人/学生 □ 企业职员

□ 公务员 □ 个体经营 □ 离退人员 □ 其他______

18. 您个人的年收入： □ 5 000 及以下 □ 5 000 – 1 万

□ 1 万 – 2 万 □ 2 万 – 3 万 □ 3 万 – 5 万 □ 5 万 – 8 万

□ 8 万 – 12 万 □ 12 万 – 20 万 □ 20 万 – 50 万 □ 50 万以上

19. 尊贵的您是来自________省________市（县）。

20. 您上述问题的理解程度：

□ 非常理解 □ 理解 □ 不理解 □ 不确定

谢谢您的参与合作，祝您旅途愉快！

附录 D.2　调查问卷二(二分式)

调查问卷二是在2011年6月进行的。调查问卷二与调查问卷一除了“第12条”有所改动,其他的条目完全一样。“第12条”的改动如下:

---

12. 假定一:

加强对普陀山景区的环境治理和旅游团队的管理,已到达水更清、天更蓝、空气更加清新宜人。在取消景区入园门票和园内各景点小门票的同时,解决了目前候船和各景点的排队拥挤现象,使您的游览更加称心如意,挽回您因排队和拥挤而浪费的时间。

改善后,您是否更愿意常来普陀山游玩?　□是　□否

改善后,您是否愿意增加来普陀山游玩的次数?　□是　□否

如果您愿意提供力所能及的帮助,就能使普陀山景区达到“假定一”的改善状态,您是否愿意提供帮助?　□是　□否

按单次来访计量,您是否愿意支付____元(人民币)来帮助景区状况的改善?　□是　□否

按单次来访计量,您最大的支付愿意是____元(人民币)。

□50　□100　□150　□200　□250　□300　□350　□400　□500

□700　□1 000　□2 000　□其他______

表中“____元(人民币)”部分,分别填入“150, 200, 250, 300, 350, 500”各200份,且随机发放给游客。

附录 D.3　调查问卷的附图

附图D-1~3主要是为首次来普陀山的游客准备的,以增强其对普陀山的了解和认识。

附图 D－1　普陀山风景及其景点

南海观音　　佛顶山

附图 D－2　南海观音和佛顶山景点

普济禅寺　　法雨禅寺

附图 D－3　普济禅寺和法雨禅寺景点

附录 E　问卷调查数据

学历	注解	区域	注解
E1	高中及以下	A 区	250 千米以内
E2	高职/大专	B 区	250－450 千米
E3	本科	C 区	450－750 千米
E4	硕士	D 区	750－1 200 千米
E5	博士	E 区	1 200 千米以外

收入	注解	年龄	注解
I1	5 000 元以下	A1	20 以下
I2	5 000～1 万元	A2	20－29
I3	1 万～2 万元	A3	30－39
I4	2 万～3 万元	A4	40－49
I5	3 万～5 万元	A5	50－59
I6	5 万～8 万元	A6	60 以上
I7	8 万～12 万元		
I8	12 万～20 万元		
I9	20 万～50 万元		
I10	50 万元以上		

附录 E.1　调查问卷一

序号	WTP	学历	年龄	收入	始发地	序号	WTP	学历	年龄	收入	始发地
1	250 元	E1	A2	I7	B 区	23	300 元	E1	A1	I2	C 区
2	150 元	E2	A4	I3	B 区	24	100 元	E2	A3	I4	D 区
3	350 元	E1	A3	I4	D 区	25	500 元	E3	A3	I7	B 区
4	500 元	E4	A4	I3	B 区	26	200 元	E3	A2	I3	A 区
5	350 元	E2	A4	I7	B 区	27	200 元	E1	A1	I1	C 区
6	150 元	E3	A2	I3	B 区	28	1 200 元	E5	A4	I7	E 区
7	150 元	E3	A4	I6	A 区	29	200 元	E4	A4	I1	B 区
8	250 元	E1	A2	I10	A 区	30	200 元	E2	A3	I5	A 区
9	200 元	E3	A3	I6	B 区	31	700 元	E1	A4	I8	B 区
10	700 元	E4	A5	I7	B 区	32	350 元	E2	A4	I6	B 区
11	900 元	E1	A2	I7	B 区	33	300 元	E3	A4	I4	C 区
12	350 元	E2	A5	I9	C 区	34	900 元	E5	A5	I7	C 区
13	200 元	E2	A2	I1	D 区	35	500 元	E4	A5	I7	D 区
14	300 元	E1	A5	I6	D 区	36	350 元	E3	A3	I5	D 区
15	300 元	E1	A2	I7	D 区	37	350 元	E3	A4	I10	A 区
16	300 元	E1	A2	I6	D 区	38	500 元	E2	A3	I9	C 区
17	250 元	E1	A5	I2	A 区	39	200 元	E3	A4	I5	C 区
18	300 元	E1	A1	I2	D 区	40	500 元	E2	A4	I4	C 区
19	350 元	E2	A4	I4	D 区	41	300 元	E2	A2	I1	B 区
20	500 元	E1	A5	I3	C 区	42	350 元	E1	A3	I3	D 区
21	200 元	E3	A5	I3	A 区	43	250 元	E3	A2	I7	E 区
22	700 元	E1	A4	I7	B 区	44	200 元	E3	A2	I9	C 区

续表

序号	WTP	学历	年龄	收入	始发地	序号	WTP	学历	年龄	收入	始发地
45	200 元	E1	A1	I1	B 区	70	350 元	E2	A3	I6	C 区
46	500 元	E4	A4	I5	B 区	71	250 元	E2	A4	I7	A 区
47	700 元	E1	A2	I4	A 区	72	350 元	E4	A3	I5	E 区
48	300 元	E1	A3	I4	C 区	73	250 元	E2	A5	I9	C 区
49	350 元	E1	A1	I4	B 区	74	100 元	E2	A4	I4	B 区
50	300 元	E1	A2	I8	B 区	75	350 元	E4	A3	I3	B 区
51	200 元	E1	A1	I1	C 区	76	500 元	E3	A4	I7	E 区
52	300 元	E1	A5	I7	C 区	77	200 元	E3	A3	I4	A 区
53	250 元	E3	A5	I2	B 区	78	100 元	E1	A1	I5	B 区
54	350 元	E2	A3	I3	A 区	79	300 元	E5	A3	I8	B 区
55	250 元	E1	A4	I7	B 区	80	150 元	E1	A2	I7	D 区
56	350 元	E1	A3	I7	E 区	81	300 元	E2	A2	I6	B 区
57	300 元	E3	A3	I4	A 区	82	500 元	E5	A3	I9	D 区
58	500 元	E3	A3	I7	B 区	83	500 元	E2	A4	I7	E 区
59	100 元	E2	A6	I7	B 区	84	100 元	E2	A6	I3	B 区
60	300 元	E1	A2	I3	D 区	85	900 元	E1	A4	I6	B 区
61	500 元	E3	A4	I4	D 区	86	700 元	E3	A3	I6	B 区
62	350 元	E4	A5	I3	B 区	87	500 元	E2	A4	I3	A 区
63	200 元	E2	A4	I5	A 区	88	350 元	E1	A5	I7	B 区
64	900 元	E3	A2	I4	D 区	89	350 元	E3	A4	I5	E 区
65	150 元	E5	A5	I5	C 区	90	300 元	E1	A2	I6	C 区
66	150 元	E2	A5	I4	B 区	91	150 元	E2	A5	I4	D 区
67	300 元	E2	A2	I1	A 区	92	300 元	E3	A6	I6	E 区
68	350 元	E3	A4	I7	D 区	93	200 元	E4	A3	I5	A 区
69	500 元	E1	A5	I9	C 区	94	500 元	E5	A2	I8	C 区

续表

序号	WTP	学历	年龄	收入	始发地	序号	WTP	学历	年龄	收入	始发地
95	500 元	E3	A3	I8	C 区	120	350 元	E3	A5	I5	C 区
96	250 元	E3	A5	I6	D 区	121	700 元	E3	A4	I7	B 区
97	200 元	E3	A2	I10	C 区	122	900 元	E3	A6	I3	C 区
98	100 元	E1	A5	I8	B 区	123	100 元	E1	A1	I1	C 区
99	500 元	E2	A4	I5	B 区	124	300 元	E1	A1	I1	B 区
100	200 元	E3	A5	I7	B 区	125	200 元	E3	A4	I1	E 区
101	200 元	E1	A4	I6	D 区	126	100 元	E4	A6	I3	C 区
102	100 元	E2	A4	I4	D 区	127	200 元	E1	A5	I8	C 区
103	500 元	E2	A4	I3	B 区	128	700 元	E2	A4	I7	C 区
104	150 元	E3	A3	I8	B 区	129	200 元	E1	A3	I2	B 区
105	250 元	E3	A2	I7	A 区	130	150 元	E2	A4	I3	A 区
106	350 元	E3	A4	I6	A 区	131	300 元	E3	A2	I4	B 区
107	300 元	E1	A1	I1	B 区	132	70 元	E1	A5	I8	B 区
108	300 元	E4	A3	I7	D 区	133	350 元	E4	A3	I2	A 区
109	150 元	E1	A2	I3	A 区	134	350 元	E3	A2	I7	D 区
110	250 元	E1	A5	I5	B 区	135	500 元	E2	A4	I4	C 区
111	500 元	E4	A3	I2	B 区	136	250 元	E1	A5	I2	E 区
112	150 元	E1	A3	I5	E 区	137	250 元	E3	A4	I7	D 区
113	200 元	E3	A3	I5	C 区	138	1200 元	E3	A4	I4	D 区
114	150 元	E3	A4	I6	D 区	139	200 元	E5	A5	I3	B 区
115	500 元	E4	A2	I7	D 区	140	700 元	E3	A3	I9	C 区
116	150 元	E2	A2	I7	A 区	141	250 元	E1	A4	I5	B 区
117	300 元	E3	A5	I4	C 区	142	150 元	E2	A4	I4	C 区
118	350 元	E2	A4	I4	D 区	143	100 元	E2	A3	I4	C 区
119	350 元	E3	A2	I7	D 区	144	200 元	E1	A2	I5	D 区

续表

序号	WTP	学历	年龄	收入	始发地	序号	WTP	学历	年龄	收入	始发地
145	200 元	E1	A3	I5	C 区	170	150 元	E3	A4	I4	B 区
146	100 元	E3	A6	I4	A 区	171	150 元	E3	A4	I5	E 区
147	700 元	E3	A4	I5	B 区	172	200 元	E3	A2	I7	C 区
148	100 元	E3	A6	I6	B 区	173	150 元	E1	A2	I3	C 区
149	1200 元	E2	A3	I9	B 区	174	70 元	E2	A5	I3	C 区
150	900 元	E3	A5	I8	B 区	175	350 元	E1	A3	I6	D 区
151	300 元	E1	A1	I2	C 区	176	250 元	E3	A4	I7	E 区
152	700 元	E1	A2	I3	B 区	177	300 元	E3	A4	I4	D 区
153	300 元	E1	A2	I9	D 区	178	150 元	E3	A4	I5	B 区
154	100 元	E1	A4	I4	A 区	179	350 元	E2	A3	I3	D 区
155	700 元	E2	A4	I7	B 区	180	150 元	E3	A2	I4	E 区
156	250 元	E1	A5	I4	C 区	181	200 元	E3	A5	I4	A 区
157	200 元	E3	A2	I3	C 区	182	300 元	E1	A3	I6	A 区
158	350 元	E1	A2	I4	B 区	183	350 元	E4	A5	I1	B 区
159	300 元	E2	A2	I4	E 区	184	100 元	E3	A6	I3	B 区
160	500 元	E3	A4	I7	B 区	185	300 元	E3	A3	I4	A 区
161	250 元	E3	A2	I7	B 区	186	350 元	E2	A5	I7	C 区
162	200 元	E3	A2	I9	D 区	187	200 元	E2	A3	I5	A 区
163	200 元	E1	A1	I4	A 区	188	150 元	E3	A5	I3	D 区
164	200 元	E3	A2	I1	B 区	189	700 元	E3	A4	I3	B 区
165	500 元	E1	A5	I4	A 区	190	70 元	E1	A5	I6	B 区
166	150 元	E5	A3	I4	C 区	191	300 元	E3	A2	I6	E 区
167	350 元	E2	A4	I6	B 区	192	500 元	E2	A4	I7	B 区
168	900 元	E1	A2	I5	C 区	193	200 元	E3	A2	I7	D 区
169	100 元	E3	A6	I5	D 区	194	350 元	E2	A3	I4	A 区

续表

序号	WTP	学历	年龄	收入	始发地	序号	WTP	学历	年龄	收入	始发地
195	500 元	E4	A3	I5	E 区	220	150 元	E2	A5	I9	C 区
196	200 元	E2	A2	I8	B 区	221	50 元	E2	A2	I1	C 区
197	500 元	E1	A2	I3	D 区	222	350 元	E3	A3	I3	B 区
198	150 元	E2	A4	I6	B 区	223	150 元	E2	A2	I7	D 区
199	500 元	E5	A3	I6	D 区	224	250 元	E1	A3	I6	C 区
200	200 元	E2	A4	I5	E 区	225	350 元	E1	A2	I3	C 区
201	700 元	E3	A4	I6	C 区	226	300 元	E4	A5	I5	B 区
202	250 元	E3	A2	I3	C 区	227	200 元	E4	A2	I7	B 区
203	150 元	E1	A1	I2	B 区	228	300 元	E3	A2	I4	D 区
204	250 元	E3	A4	I7	B 区	229	350 元	E3	A3	I5	B 区
205	150 元	E3	A5	I5	A 区	230	500 元	E3	A4	I3	D 区
206	250 元	E2	A3	I4	A 区	231	350 元	E1	A2	I7	A 区
207	700 元	E4	A4	I7	B 区	232	900 元	E1	A2	I7	A 区
208	150 元	E2	A6	I6	A 区	233	300 元	E3	A5	I3	C 区
209	100 元	E1	A6	I2	C 区	234	500 元	E2	A4	I3	B 区
210	200 元	E3	A5	I7	C 区	235	300 元	E2	A2	I7	D 区
211	300 元	E4	A5	I4	E 区	236	200 元	E2	A5	I3	C 区
212	300 元	E1	A2	I3	C 区	237	70 元	E1	A4	I5	E 区
213	300 元	E3	A4	I8	B 区	238	200 元	E3	A4	I5	D 区
214	700 元	E3	A3	I8	D 区	239	200 元	E2	A3	I6	C 区
215	150 元	E3	A2	I4	A 区	240	200 元	E2	A2	I5	B 区
216	900 元	E3	A4	I4	C 区	241	500 元	E3	A2	I7	B 区
217	300 元	E3	A3	I4	C 区	242	250 元	E1	A6	I6	E 区
218	500 元	E1	A4	I2	A 区	243	200 元	E1	A2	I3	C 区
219	200 元	E1	A4	I1	D 区	244	700 元	E2	A4	I7	B 区

续表

序号	WTP	学历	年龄	收入	始发地	序号	WTP	学历	年龄	收入	始发地
245	100 元	E2	A6	I3	B 区	270	300 元	E2	A4	I7	D 区
246	700 元	E1	A3	I6	C 区	271	250 元	E2	A3	I10	C 区
247	700 元	E3	A4	I7	C 区	272	100 元	E2	A5	I5	B 区
248	250 元	E4	A2	I5	A 区	273	70 元	E3	A5	I5	C 区
249	200 元	E3	A4	I5	B 区	274	150 元	E4	A3	I8	D 区
250	300 元	E5	A4	I3	B 区	275	250 元	E4	A3	I7	E 区
251	250 元	E2	A3	I8	B 区	276	250 元	E2	A2	I3	A 区
252	350 元	E3	A4	I7	D 区	277	900 元	E5	A3	I6	B 区
253	150 元	E3	A4	I3	C 区	278	300 元	E1	A1	I1	A 区
254	700 元	E3	A3	I6	C 区	279	200 元	E3	A2	I3	E 区
255	300 元	E4	A4	I6	B 区	280	300 元	E1	A1	I5	B 区
256	100 元	E3	A5	I3	D 区	281	500 元	E2	A4	I5	B 区
257	300 元	E2	A5	I7	C 区	282	200 元	E3	A4	I4	B 区
258	200 元	E1	A3	I4	C 区	283	500 元	E2	A4	I6	C 区
259	350 元	E3	A3	I6	C 区	284	100 元	E3	A5	I3	D 区
260	500 元	E3	A4	I2	B 区	285	200 元	E2	A4	I5	D 区
261	350 元	E1	A3	I7	A 区	286	200 元	E3	A4	I4	A 区
262	1200 元	E2	A3	I9	B 区	287	200 元	E4	A5	I3	C 区
263	200 元	E1	A5	I8	B 区	288	200 元	E1	A2	I5	D 区
264	250 元	E2	A6	I3	D 区	289	100 元	E3	A6	I5	E 区
265	900 元	E3	A5	I3	E 区	290	300 元	E3	A2	I3	B 区
266	100 元	E2	A4	I4	A 区	291	150 元	E4	A5	I7	C 区
267	50 元	E1	A1	I1	E 区	292	700 元	E2	A2	I4	B 区
268	200 元	E2	A4	I7	C 区	293	500 元	E3	A3	I5	A 区
269	100 元	E5	A5	I3	A 区	294	300 元	E2	A2	I1	B 区

续表

序号	WTP	学历	年龄	收入	始发地	序号	WTP	学历	年龄	收入	始发地
295	100 元	E2	A6	I3	C 区	320	300 元	E3	A5	I5	C 区
296	100 元	E3	A5	I3	C 区	321	250 元	E2	A5	I3	B 区
297	200 元	E2	A5	I7	C 区	322	500 元	E2	A4	I7	A 区
298	700 元	E1	A3	I2	E 区	323	350 元	E3	A2	I7	E 区
299	150 元	E2	A3	I4	D 区	324	150 元	E1	A2	I4	C 区
300	150 元	E2	A5	I8	B 区	325	70 元	E1	A1	I2	B 区
301	250 元	E4	A4	I3	B 区	326	250 元	E3	A3	I8	A 区
302	500 元	E3	A4	I7	B 区	327	200 元	E1	A2	I4	C 区
303	700 元	E3	A2	I3	C 区	328	350 元	E2	A2	I5	A 区
304	300 元	E3	A2	I6	B 区	329	700 元	E3	A2	I4	C 区
305	500 元	E2	A4	I5	B 区	330	200 元	E1	A1	I1	C 区
306	300 元	E3	A6	I3	A 区	331	250 元	E1	A5	I4	C 区
307	250 元	E3	A5	I4	D 区	332	300 元	E3	A2	I1	A 区
308	300 元	E5	A3	I4	B 区	333	250 元	E1	A3	I4	C 区
309	100 元	E1	A4	I2	D 区	334	150 元	E1	A1	I3	C 区
310	500 元	E3	A4	I7	B 区	335	350 元	E1	A3	I7	B 区
311	200 元	E1	A2	I4	A 区	336	350 元	E1	A2	I3	A 区
312	700 元	E3	A2	I6	B 区	337	250 元	E4	A3	I2	D 区
313	300 元	E1	A3	I6	D 区	338	300 元	E1	A6	I7	B 区
314	200 元	E1	A4	I7	B 区	339	100 元	E2	A2	I4	A 区
315	350 元	E3	A3	I5	A 区	340	300 元	E2	A5	I5	C 区
316	300 元	E2	A2	I3	A 区	341	200 元	E4	A4	I3	B 区
317	70 元	E1	A5	I8	B 区	342	150 元	E1	A2	I5	B 区
318	150 元	E3	A5	I4	B 区	343	200 元	E3	A4	I6	C 区
319	150 元	E2	A2	I7	A 区	344	900 元	E5	A5	I5	C 区

续表

序号	WTP	学历	年龄	收入	始发地	序号	WTP	学历	年龄	收入	始发地
345	200 元	E2	A5	I8	B 区	370	150 元	E3	A4	I4	C 区
346	500 元	E1	A4	I7	E 区	371	100 元	E1	A2	I3	C 区
347	300 元	E2	A2	I7	D 区	372	900 元	E3	A3	I8	D 区
348	150 元	E3	A5	I8	A 区	373	200 元	E3	A4	I6	E 区
349	350 元	E4	A5	I3	D 区	374	200 元	E3	A6	I5	C 区
350	150 元	E3	A5	I4	B 区	375	200 元	E3	A5	I3	B 区
351	300 元	E2	A3	I1	C 区	376	350 元	E2	A3	I8	D 区
352	200 元	E3	A2	I3	C 区	377	350 元	E2	A2	I7	B 区
353	500 元	E3	A4	I5	B 区	378	350 元	E1	A2	I10	B 区
354	350 元	E3	A3	I6	B 区	379	200 元	E5	A4	I8	B 区
355	250 元	E4	A3	I5	A 区	380	300 元	E5	A3	I3	C 区
356	300 元	E3	A3	I4	C 区	381	250 元	E1	A2	I8	B 区
357	500 元	E1	A4	I6	B 区	382	100 元	E2	A5	I3	C 区
358	300 元	E1	A1	I4	E 区	383	300 元	E2	A3	I7	D 区
359	100 元	E1	A6	I3	B 区	384	250 元	E3	A4	I3	C 区
360	300 元	E2	A2	I6	A 区	385	300 元	E2	A5	I7	E 区
361	200 元	E3	A5	I2	B 区	386	200 元	E3	A2	I5	A 区
362	350 元	E2	A3	I2	D 区	387	900 元	E3	A2	I9	C 区
363	200 元	E1	A2	I8	A 区	388	500 元	E1	A3	I6	B 区
364	300 元	E1	A1	I4	C 区	389	500 元	E4	A3	I7	B 区
365	200 元	E2	A2	I5	A 区	390	250 元	E3	A4	I7	E 区
366	900 元	E3	A4	I3	B 区	391	150 元	E2	A5	I10	B 区
367	200 元	E3	A5	I3	C 区	392	300 元	E1	A5	I4	A 区
368	200 元	E2	A4	I5	B 区	393	200 元	E2	A4	I6	E 区
369	300 元	E4	A3	I8	B 区	394	70 元	E2	A6	I3	A 区

续表

序号	WTP	学历	年龄	收入	始发地	序号	WTP	学历	年龄	收入	始发地
395	150 元	E2	A2	I3	C 区	421	250 元	E2	A5	I9	C 区
396	350 元	E2	A5	I5	C 区	422	50 元	E1	A5	I3	D 区
397	500 元	E3	A4	I3	B 区	423	100 元	E1	A1	I2	B 区
398	100 元	E3	A6	I3	D 区	424	200 元	E2	A4	I4	B 区
399	700 元	E2	A5	I8	C 区	425	900 元	E3	A4	I4	A 区
400	200 元	E3	A3	I9	C 区	426	100 元	E2	A4	I4	C 区
401	250 元	E1	A5	I6	B 区	427	250 元	E3	A2	I8	E 区
402	300 元	E1	A1	I2	E 区	428	200 元	E3	A2	I7	D 区
403	200 元	E3	A4	I5	D 区	429	100 元	E3	A5	I3	B 区
404	200 元	E3	A4	I4	C 区	430	500 元	E2	A4	I4	C 区
405	350 元	E5	A5	I3	C 区	431	200 元	E4	A5	I7	D 区
406	500 元	E3	A3	I6	D 区	432	250 元	E1	A6	I10	A 区
407	250 元	E3	A4	I7	D 区	433	300 元	E4	A3	I5	B 区
408	350 元	E2	A3	I10	C 区	434	150 元	E3	A3	I6	C 区
409	700 元	E3	A2	I8	B 区	435	350 元	E1	A4	I7	B 区
410	900 元	E4	A4	I6	C 区	436	1200 元	E3	A2	I10	A 区
411	350 元	E3	A2	I1	A 区	437	250 元	E1	A4	I3	B 区
412	900 元	E1	A3	I7	C 区	438	200 元	E3	A4	I4	B 区
413	300 元	E3	A2	I9	B 区	439	150 元	E1	A2	I4	C 区
414	700 元	E4	A5	I7	B 区	440	200 元	E5	A3	I6	A 区
415	350 元	E1	A4	I6	A 区	441	500 元	E3	A4	I5	B 区
416	200 元	E2	A2	I7	C 区	442	200 元	E1	A2	I8	B 区
417	500 元	E3	A5	I9	C 区	443	350 元	E3	A3	I7	C 区
418	250 元	E1	A3	I6	D 区	444	500 元	E1	A3	I8	B 区
419	350 元	E1	A2	I7	B 区	445	700 元	E1	A4	I8	B 区
420	300 元	E3	A2	I3	B 区	446	350 元	E2	A3	I5	E 区

续表

序号	WTP	学历	年龄	收入	始发地	序号	WTP	学历	年龄	收入	始发地
447	700 元	E3	A2	I3	B 区	473	500 元	E1	A4	I5	D 区
448	500 元	E1	A2	I9	B 区	474	100 元	E4	A6	I3	E 区
449	500 元	E2	A4	I6	B 区	475	150 元	E5	A4	I4	C 区
450	700 元	E3	A5	I3	C 区	476	200 元	E1	A4	I7	B 区
451	100 元	E4	A5	I3	C 区	477	900 元	E3	A2	I3	B 区
452	250 元	E2	A4	I7	D 区	478	350 元	E3	A5	I3	B 区
453	200 元	E3	A4	I7	B 区	479	500 元	E1	A4	I6	B 区
454	100 元	E3	A5	I5	C 区	480	150 元	E3	A2	I1	B 区
455	150 元	E3	A4	I6	B 区	481	100 元	E3	A5	I5	A 区
456	500 元	E3	A4	I5	D 区	482	500 元	E5	A5	I3	C 区
457	200 元	E2	A4	I7	D 区	483	350 元	E2	A5	I6	C 区
458	100 元	E3	A6	I3	E 区	484	200 元	E1	A4	I2	E 区
459	100 元	E2	A5	I3	A 区	485	200 元	E2	A3	I7	D 区
460	300 元	E4	A3	I6	B 区	486	70 元	E3	A5	I3	D 区
461	350 元	E1	A2	I5	B 区	487	250 元	E4	A3	I6	B 区
462	150 元	E3	A2	I4	E 区	488	100 元	E2	A6	I6	B 区
463	150 元	E2	A5	I3	A 区	489	150 元	E3	A2	I3	C 区
464	700 元	E3	A3	I6	B 区	490	200 元	E1	A1	I5	B 区
465	100 元	E3	A5	I7	E 区	491	150 元	E1	A1	I2	D 区
466	200 元	E3	A2	I3	A 区	492	250 元	E3	A6	I3	A 区
467	350 元	E1	A2	I6	C 区	493	900 元	E3	A2	I6	B 区
468	100 元	E5	A5	I7	D 区	494	300 元	E2	A5	I3	B 区
469	100 元	E1	A1	I2	E 区	495	150 元	E3	A4	I7	B 区
470	900 元	E3	A3	I4	C 区	496	300 元	E1	A1	I4	D 区
471	500 元	E3	A4	I4	D 区	497	300 元	E3	A2	I4	D 区
472	100 元	E1	A4	I3	A 区	498	150 元	E3	A2	I6	C 区

续表

序号	WTP	学历	年龄	收入	始发地	序号	WTP	学历	年龄	收入	始发地
499	250 元	E1	A3	I6	D 区	525	350 元	E2	A4	I3	B 区
500	250 元	E4	A4	I7	B 区	526	200 元	E2	A3	I5	D 区
501	300 元	E1	A3	I5	D 区	527	150 元	E3	A2	I3	D 区
502	350 元	E2	A2	I3	A 区	528	150 元	E2	A4	I8	C 区
503	70 元	E1	A5	I8	B 区	529	500 元	E2	A4	I5	D 区
504	200 元	E4	A4	I5	B 区	530	200 元	E2	A4	I6	A 区
505	150 元	E2	A4	I5	D 区	531	300 元	E1	A2	I7	C 区
506	300 元	E3	A5	I3	D 区	532	250 元	E2	A2	I1	C 区
507	250 元	E2	A5	I3	B 区	533	500 元	E3	A2	I7	D 区
508	300 元	E3	A5	I2	D 区	534	500 元	E3	A3	I8	A 区
509	200 元	E3	A2	I7	C 区	535	100 元	E2	A6	I3	E 区
510	100 元	E2	A5	I3	B 区	536	900 元	E1	A4	I4	B 区
511	300 元	E3	A3	I8	B 区	537	300 元	E5	A5	I3	C 区
512	250 元	E1	A4	I3	A 区	538	250 元	E3	A2	I7	B 区
513	250 元	E3	A4	I7	A 区	539	900 元	E2	A4	I5	E 区
514	500 元	E4	A2	I7	D 区	540	100 元	E1	A5	I5	C 区
515	200 元	E3	A4	I1	E 区	541	300 元	E4	A5	I6	B 区
516	200 元	E1	A4	I6	D 区	542	200 元	E3	A4	I6	E 区
517	350 元	E5	A5	I5	C 区	543	350 元	E1	A2	I10	A 区
518	70 元	E1	A5	I7	C 区	544	300 元	E1	A1	I5	B 区
519	200 元	E1	A3	I5	B 区	545	500 元	E4	A3	I6	B 区
520	100 元	E2	A5	I4	E 区	546	250 元	E4	A3	I7	A 区
521	300 元	E1	A3	I5	C 区	547	900 元	E3	A4	I6	B 区
522	250 元	E1	A3	I7	B 区	548	300 元	E2	A2	I2	D 区
523	150 元	E1	A6	I10	D 区	549	500 元	E1	A4	I7	E 区
524	350 元	E2	A3	I6	B 区	550	350 元	E2	A2	I6	D 区

附录 E.2 调查问卷二

1. 二分式,支付意愿为 150 元

序号	是/否	学历	年龄	收入	始发地	序号	是/否	学历	年龄	收入	始发地
1	是	E3	A4	I5	E 区	23	是	E1	A6	I3	A 区
2	是	E2	A3	I5	D 区	24	是	E4	A3	I7	C 区
3	是	E4	A5	I2	A 区	25	否	E3	A2	I6	C 区
4	否	E1	A2	I7	A 区	26	否	E5	A5	I6	B 区
5	是	E1	A5	I10	C 区	27	是	E1	A1	I1	A 区
6	是	E5	A4	I4	B 区	28	是	E2	A2	I7	B 区
7	是	E2	A3	I7	B 区	29	是	E2	A5	I4	C 区
8	否	E3	A3	I1	B 区	30	是	E1	A1	I4	A 区
9	是	E2	A4	I7	D 区	31	是	E1	A4	I3	B 区
10	是	E2	A5	I3	B 区	32	否	E4	A6	I3	A 区
11	是	E1	A3	I4	D 区	33	否	E1	A6	I3	D 区
12	是	E4	A3	I8	B 区	34	是	E2	A3	I6	B 区
13	是	E3	A4	I7	D 区	35	是	E3	A4	I7	E 区
14	否	E2	A5	I9	B 区	36	是	E2	A5	I5	C 区
15	是	E1	A5	I4	A 区	37	是	E5	A3	I7	C 区
16	否	E3	A4	I8	E 区	38	是	E4	A4	I7	A 区
17	是	E3	A4	I8	C 区	39	是	E1	A5	I5	A 区
18	是	E5	A3	I7	B 区	40	是	E2	A2	I10	C 区
19	是	E4	A3	I7	B 区	41	是	E4	A5	I6	C 区
20	否	E2	A2	I10	B 区	42	否	E1	A3	I5	D 区
21	是	E1	A2	I3	D 区	43	是	E1	A2	I10	B 区
22	否	E1	A1	I1	B 区	44	是	E2	A4	I6	B 区

续表

序号	是/否	学历	年龄	收入	始发地	序号	是/否	学历	年龄	收入	始发地
45	否	E1	A1	I2	B区	70	是	E4	A3	I6	E区
46	是	E3	A3	I7	B区	71	否	E3	A6	I3	C区
47	是	E3	A6	I6	D区	72	是	E2	A6	I5	E区
48	是	E1	A1	I2	D区	73	是	E2	A4	I7	B区
49	否	E2	A3	I8	C区	74	否	E1	A4	I4	C区
50	是	E4	A3	I6	C区	75	否	E3	A5	I8	B区
51	是	E1	A4	I6	A区	76	是	E2	A3	I4	E区
52	是	E2	A5	I3	A区	77	是	E3	A4	I5	B区
53	是	E2	A3	I7	E区	78	是	E3	A6	I10	E区
54	是	E2	A4	I3	B区	79	否	E1	A2	I10	D区
55	是	E3	A2	I7	C区	80	否	E1	A1	I3	B区
56	是	E1	A6	I9	A区	81	是	E4	A3	I7	C区
57	是	E2	A3	I4	B区	82	是	E4	A3	I10	B区
58	是	E4	A4	I5	A区	83	是	E3	A2	I6	A区
59	是	E3	A4	I7	D区	84	是	E3	A4	I8	B区
60	是	E1	A5	I4	A区	85	否	E3	A6	I7	E区
61	是	E3	A2	I9	B区	86	否	E2	A3	I4	A区
62	否	E2	A5	I1	B区	87	是	E2	A4	I4	A区
63	是	E2	A6	I5	B区	88	是	E4	A5	I7	B区
64	是	E3	A4	I10	B区	89	是	E1	A4	I7	B区
65	是	E2	A3	I3	C区	90	是	E1	A2	I4	D区
66	是	E1	A3	I7	E区	91	是	E5	A5	I5	B区
67	是	E3	A6	I5	E区	92	是	E5	A3	I8	A区
68	否	E2	A5	I4	D区	93	是	E1	A4	I7	B区
69	否	E1	A1	I1	D区	94	否	E3	A2	I7	D区

续表

序号	是/否	学历	年龄	收入	始发地	序号	是/否	学历	年龄	收入	始发地
95	否	E2	A4	I8	A 区	120	是	E2	A6	I2	E 区
96	是	E5	A5	I3	D 区	121	否	E2	A6	I3	E 区
97	是	E4	A4	I2	E 区	122	是	E2	A5	I5	B 区
98	是	E1	A3	I5	C 区	123	否	E2	A5	I6	B 区
99	否	E2	A2	I7	D 区	124	是	E1	A2	I5	C 区
100	否	E1	A1	I4	B 区	125	否	E3	A2	I4	B 区
101	否	E3	A5	I4	A 区	126	是	E2	A3	I6	D 区
102	是	E4	A3	I10	A 区	127	否	E1	A1	I4	A 区
103	是	E3	A2	I3	A 区	128	否	E1	A2	I7	E 区
104	是	E3	A3	I7	B 区	129	是	E3	A4	I6	D 区
105	是	E1	A3	I6	E 区	130	是	E2	A3	I6	D 区
106	是	E4	A6	I6	B 区	131	是	E4	A5	I5	C 区
107	是	E2	A4	I4	C 区	132	否	E2	A5	I2	C 区
108	是	E3	A4	I4	C 区	133	否	E2	A2	I1	B 区
109	是	E2	A4	I7	C 区	134	是	E5	A2	I4	D 区
110	否	E3	A2	I8	B 区	135	否	E5	A3	I7	B 区
111	是	E4	A4	I8	D 区	136	是	E2	A3	I6	B 区
112	否	E3	A2	I5	E 区	137	是	E4	A4	I7	D 区
113	是	E3	A2	I7	B 区	138	是	E3	A5	I5	B 区
114	否	E3	A4	I4	B 区	139	是	E1	A1	I1	A 区
115	是	E2	A3	I6	B 区	140	是	E3	A3	I8	B 区
116	是	E1	A4	I7	C 区	141	是	E1	A3	I7	C 区
117	是	E1	A3	I10	D 区	142	否	E3	A2	I3	A 区
118	否	E2	A4	I4	B 区	143	否	E3	A3	I4	C 区
119	是	E2	A3	I8	C 区	144	是	E4	A3	I2	C 区

续表

序号	是/否	学历	年龄	收入	始发地	序号	是/否	学历	年龄	收入	始发地
145	是	E3	A2	I3	D 区	162	是	E1	A4	I8	B 区
146	是	E2	A3	I4	B 区	163	是	E3	A4	I7	A 区
147	否	E1	A1	I5	C 区	164	是	E3	A4	I4	B 区
148	是	E4	A5	I6	E 区	165	是	E2	A5	I8	B 区
149	是	E3	A5	I9	D 区	166	是	E2	A3	I3	C 区
150	否	E2	A3	I7	E 区	167	是	E3	A4	I7	C 区
151	否	E3	A6	I6	E 区	168	是	E2	A3	I7	B 区
152	是	E3	A6	I5	A 区	169	是	E1	A2	I10	D 区
153	否	E5	A4	I5	D 区	170	是	E1	A5	I8	B 区
154	是	E4	A4	I3	C 区	171	是	E1	A4	I3	C 区
155	是	E4	A3	I8	B 区	172	是	E2	A4	I7	C 区
156	是	E2	A3	I7	C 区	173	否	E4	A4	I9	C 区
157	是	E3	A5	I3	B 区	174	是	E1	A1	I1	B 区
158	是	E3	A3	I7	B 区	175	是	E1	A4	I7	C 区
159	是	E1	A4	I1	B 区	176	是	E3	A4	I6	D 区
160	否	E1	A3	I7	A 区	177	否	E2	A6	I3	D 区
161	是	E1	A2	I6	C 区						

2. 二分式，支付意愿为 200 元

序号	是/否	学历	年龄	收入	始发地	序号	是/否	学历	年龄	收入	始发地
1	是	E4	A5	I2	B 区	6	是	E3	A3	I2	C 区
2	是	E4	A3	I7	D 区	7	否	E2	A3	I10	C 区
3	是	E2	A2	I7	D 区	8	是	E4	A3	I4	B 区
4	是	E3	A4	I8	D 区	9	是	E3	A4	I4	D 区
5	是	E2	A3	I3	C 区	10	是	E3	A3	I7	B 区

续表

序号	是/否	学历	年龄	收入	始发地	序号	是/否	学历	年龄	收入	始发地
11	否	E3	A2	I7	B 区	36	是	E2	A3	I7	B 区
12	否	E1	A6	I5	D 区	37	否	E3	A3	I1	B 区
13	否	E5	A4	I8	B 区	38	是	E2	A3	I5	B 区
14	是	E3	A3	I6	A 区	39	是	E3	A5	I8	B 区
15	是	E3	A2	I3	D 区	40	是	E4	A5	I4	E 区
16	否	E3	A2	I10	B 区	41	否	E1	A4	I6	E 区
17	是	E1	A4	I8	C 区	42	是	E3	A2	I4	D 区
18	是	E2	A4	I2	B 区	43	是	E2	A5	I8	B 区
19	是	E3	A4	I5	A 区	44	是	E5	A3	I9	A 区
20	是	E3	A2	I2	A 区	45	否	E2	A4	I2	C 区
21	是	E1	A5	I2	D 区	46	是	E1	A6	I3	D 区
22	否	E3	A3	I2	C 区	47	是	E5	A4	I6	B 区
23	否	E2	A6	I3	C 区	48	是	E2	A5	I4	B 区
24	是	E3	A4	I7	C 区	49	否	E3	A4	I3	B 区
25	是	E2	A2	I7	A 区	50	否	E3	A4	I5	E 区
26	是	E3	A5	I4	D 区	51	否	E5	A2	I10	D 区
27	是	E5	A4	I4	B 区	52	是	E1	A5	I7	B 区
28	否	E2	A5	I4	E 区	53	是	E5	A3	I7	B 区
29	是	E4	A3	I7	C 区	54	是	E3	A6	I3	A 区
30	是	E3	A5	I5	D 区	55	是	E3	A5	I10	C 区
31	是	E2	A4	I5	D 区	56	是	E5	A3	I8	B 区
32	否	E1	A1	I4	C 区	57	是	E1	A3	I5	C 区
33	是	E3	A6	I6	C 区	58	否	E1	A3	I7	C 区
34	否	E2	A4	I10	B 区	59	是	E2	A5	I5	D 区
35	是	E2	A3	I8	B 区	60	是	E2	A2	I2	C 区

续表

序号	是/否	学历	年龄	收入	始发地	序号	是/否	学历	年龄	收入	始发地
61	否	E3	A2	I1	E 区	87	否	E1	A1	I6	C 区
62	否	E1	A2	I4	D 区	88	是	E3	A3	I8	A 区
63	是	E1	A1	I2	C 区	89	是	E4	A4	I7	C 区
64	是	E1	A2	I7	B 区	90	否	E3	A4	I3	A 区
65	否	E1	A2	I7	B 区	91	是	E1	A2	I3	C 区
66	否	E2	A4	I4	A 区	92	否	E1	A1	I4	B 区
67	是	E2	A4	I5	B 区	93	是	E1	A4	I4	D 区
68	是	E4	A3	I5	C 区	94	否	E4	A3	I10	A 区
69	否	E1	A5	I3	D 区	95	是	E2	A5	I7	B 区
70	是	E2	A4	I4	C 区	96	否	E3	A4	I7	E 区
71	否	E1	A5	I7	B 区	97	否	E4	A3	I4	E 区
72	否	E4	A6	I6	D 区	98	是	E2	A5	I8	D 区
73	否	E2	A6	I4	B 区	99	是	E3	A3	I7	C 区
74	是	E3	A2	I6	C 区	100	是	E1	A4	I4	E 区
75	是	E3	A5	I5	A 区	101	是	E2	A4	I3	D 区
76	是	E1	A6	I3	A 区	102	否	E2	A5	I3	E 区
77	否	E3	A6	I5	D 区	103	否	E2	A4	I7	B 区
78	是	E3	A5	I8	D 区	104	否	E3	A5	I4	D 区
79	是	E4	A4	I7	E 区	105	是	E1	A1	I2	B 区
80	是	E2	A2	I7	A 区	106	否	E1	A1	I1	A 区
81	否	E3	A4	I6	D 区	107	否	E3	A3	I1	B 区
82	是	E2	A2	I6	B 区	108	是	E1	A3	I10	D 区
83	否	E2	A4	I8	C 区	109	是	E1	A2	I6	C 区
84	否	E3	A4	I5	B 区	110	否	E3	A5	I4	B 区
85	否	E3	A2	I7	A 区	111	是	E1	A3	I7	E 区
86	否	E3	A5	I5	D 区	112	是	E2	A2	I3	B 区

续表

序号	是/否	学历	年龄	收入	始发地	序号	是/否	学历	年龄	收入	始发地
113	是	E2	A5	I5	D 区	139	是	E2	A6	I3	D 区
114	是	E2	A5	I7	B 区	140	否	E1	A1	I1	B 区
115	否	E1	A6	I2	A 区	141	是	E5	A3	I6	C 区
116	是	E2	A6	I3	C 区	142	是	E3	A6	I6	E 区
117	是	E2	A4	I4	D 区	143	否	E3	A4	I7	D 区
118	是	E1	A1	I2	C 区	144	是	E2	A4	I6	A 区
119	是	E1	A2	I5	E 区	145	是	E5	A3	I6	C 区
120	是	E4	A3	I7	B 区	146	否	E3	A4	I7	C 区
121	是	E2	A5	I4	C 区	147	是	E2	A2	I3	D 区
122	否	E1	A4	I8	B 区	148	是	E2	A5	I4	C 区
123	是	E2	A4	I5	C 区	149	否	E3	A4	I7	B 区
124	否	E4	A6	I3	C 区	150	是	E1	A2	I7	C 区
125	否	E2	A4	I3	D 区	151	否	E1	A4	I9	A 区
126	否	E3	A4	I3	C 区	152	否	E3	A5	I3	D 区
127	否	E4	A4	I7	B 区	153	否	E4	A5	I3	D 区
128	否	E1	A4	I5	C 区	154	是	E3	A3	I7	C 区
129	是	E3	A6	I3	B 区	155	否	E3	A2	I10	C 区
130	是	E3	A4	I5	B 区	156	否	E1	A1	I5	B 区
131	是	E4	A3	I7	C 区	157	是	E3	A3	I7	C 区
132	否	E2	A2	I7	D 区	158	是	E3	A5	I4	E 区
133	是	E2	A3	I7	B 区	159	否	E2	A6	I6	D 区
134	是	E5	A5	I7	D 区	160	否	E2	A5	I5	D 区
135	是	E1	A3	I2	E 区	161	是	E4	A4	I4	B 区
136	是	E1	A3	I4	C 区	162	是	E2	A4	I7	E 区
137	是	E3	A2	I10	D 区	163	是	E3	A2	I7	B 区
138	否	E2	A6	I3	E 区						

3. 二分式，支付意愿为 250 元

序号	是/否	学历	年龄	收入	始发地	序号	是/否	学历	年龄	收入	始发地
1	是	E2	A4	I7	E 区	26	是	E2	A4	I4	A 区
2	是	E3	A2	I7	A 区	27	是	E3	A4	I3	C 区
3	是	E3	A4	I6	B 区	28	否	E3	A4	I1	C 区
4	是	E3	A5	I4	C 区	29	否	E1	A6	I6	E 区
5	否	E1	A4	I7	B 区	30	是	E1	A2	I4	C 区
6	否	E2	A2	I1	C 区	31	否	E2	A5	I6	E 区
7	是	E5	A5	I4	D 区	32	否	E4	A4	I2	C 区
8	否	E5	A4	I7	C 区	33	是	E1	A3	I7	C 区
9	是	E3	A4	I7	B 区	34	否	E2	A5	I3	B 区
10	是	E3	A6	I3	D 区	35	否	E2	A3	I6	B 区
11	是	E4	A3	I4	A 区	36	是	E3	A4	I7	E 区
12	否	E1	A1	I3	B 区	37	否	E2	A3	I7	D 区
13	是	E5	A3	I6	C 区	38	否	E2	A2	I6	B 区
14	否	E2	A5	I5	D 区	39	是	E1	A1	I5	C 区
15	是	E5	A3	I8	E 区	40	是	E1	A4	I3	E 区
16	否	E3	A4	I2	E 区	41	否	E2	A2	I6	A 区
17	否	E3	A6	I3	C 区	42	是	E3	A5	I5	A 区
18	是	E5	A2	I6	B 区	43	否	E2	A4	I4	B 区
19	否	E1	A1	I4	E 区	44	是	E3	A3	I6	B 区
20	否	E1	A2	I7	B 区	45	否	E1	A3	I5	C 区
21	是	E2	A4	I5	D 区	46	是	E2	A4	I6	C 区
22	否	E5	A4	I8	A 区	47	否	E1	A1	I1	B 区
23	是	E1	A1	I4	B 区	48	是	E2	A3	I7	B 区
24	是	E2	A4	I7	A 区	49	否	E3	A4	I7	D 区
25	否	E1	A3	I4	D 区	50	否	E2	A5	I3	A 区

续表

序号	是/否	学历	年龄	收入	始发地	序号	是/否	学历	年龄	收入	始发地
51	是	E3	A4	I5	E 区	76	是	E2	A2	I7	A 区
52	否	E1	A2	I3	B 区	77	是	E3	A5	I4	B 区
53	是	E3	A2	I4	C 区	78	是	E1	A1	I4	B 区
54	否	E2	A5	I2	C 区	79	是	E1	A4	I3	B 区
55	否	E3	A4	I1	B 区	80	是	E1	A6	I6	A 区
56	是	E2	A4	I6	B 区	81	是	E1	A4	I6	D 区
57	是	E3	A5	I3	D 区	82	是	E2	A3	I9	C 区
58	否	E3	A5	I4	C 区	83	否	E4	A4	I7	B 区
59	否	E1	A2	I5	C 区	84	是	E4	A4	I4	C 区
60	否	E3	A4	I6	A 区	85	否	E2	A5	I5	A 区
61	是	E2	A4	I6	B 区	86	是	E2	A3	I4	C 区
62	是	E4	A3	I6	E 区	87	否	E4	A3	I1	E 区
63	否	E4	A3	I4	D 区	88	是	E3	A6	I3	A 区
64	否	E1	A4	I5	D 区	89	是	E3	A3	I7	A 区
65	是	E5	A2	I3	A 区	90	否	E1	A4	I7	D 区
66	是	E4	A4	I6	B 区	91	是	E2	A4	I9	B 区
67	是	E4	A3	I8	E 区	92	是	E2	A4	I4	C 区
68	否	E3	A2	I10	C 区	93	否	E4	A4	I5	B 区
69	是	E1	A2	I7	B 区	94	是	E4	A3	I7	C 区
70	否	E2	A4	I4	D 区	95	否	E3	A6	I10	D 区
71	否	E4	A4	I7	E 区	96	是	E1	A1	I2	D 区
72	否	E2	A3	I7	B 区	97	否	E3	A5	I7	B 区
73	是	E3	A2	I6	C 区	98	是	E4	A3	I5	E 区
74	是	E5	A5	I6	D 区	99	是	E3	A3	I7	D 区
75	是	E5	A3	I2	B 区	100	否	E2	A5	I4	A 区

续表

序号	是/否	学历	年龄	收入	始发地	序号	是/否	学历	年龄	收入	始发地
101	是	E5	A3	I7	B 区	126	否	E3	A4	I7	B 区
102	否	E4	A4	I7	C 区	127	是	E3	A4	I5	B 区
103	否	E2	A4	I4	A 区	128	否	E2	A4	I9	D 区
104	是	E3	A2	I9	A 区	129	否	E2	A4	I3	B 区
105	否	E3	A3	I7	A 区	130	否	E2	A2	I4	D 区
106	否	E1	A2	I7	B 区	131	是	E2	A6	I3	D 区
107	是	E2	A5	I5	B 区	132	是	E1	A4	I4	D 区
108	是	E5	A3	I6	C 区	133	是	E3	A5	I4	C 区
109	是	E1	A1	I3	B 区	134	是	E1	A6	I6	E 区
110	是	E1	A2	I5	B 区	135	否	E4	A3	I10	D 区
111	否	E4	A6	I3	A 区	136	是	E2	A4	I6	B 区
112	是	E5	A5	I4	B 区	137	是	E5	A3	I6	C 区
113	是	E2	A3	I3	C 区	138	否	E4	A4	I7	B 区
114	是	E1	A3	I2	D 区	139	是	E2	A2	I3	C 区
115	是	E1	A6	I5	B 区	140	是	E2	A5	I8	C 区
116	是	E3	A4	I4	D 区	141	是	E2	A4	I6	B 区
117	否	E1	A1	I1	B 区	142	是	E1	A2	I7	A 区
118	是	E1	A3	I6	E 区	143	是	E1	A4	I4	A 区
119	否	E2	A6	I3	C 区	144	是	E5	A5	I3	A 区
120	是	E3	A6	I5	D 区	145	否	E1	A4	I3	E 区
121	否	E4	A4	I4	B 区	146	是	E1	A3	I5	C 区
122	是	E1	A1	I4	E 区	147	否	E3	A4	I6	D 区
123	是	E1	A3	I5	D 区	148	是	E2	A3	I7	C 区
124	是	E3	A2	I9	B 区	149	是	E2	A3	I7	C 区
125	是	E5	A3	I8	C 区	150	否	E4	A4	I7	B 区

续表

序号	是/否	学历	年龄	收入	始发地	序号	是/否	学历	年龄	收入	始发地
151	是	E1	A6	I5	A 区	167	是	E5	A4	I8	C 区
152	是	E2	A2	I10	C 区	168	否	E2	A5	I7	B 区
153	是	E4	A5	I6	D 区	169	是	E3	A4	I5	C 区
154	否	E1	A3	I7	D 区	170	否	E3	A4	I6	C 区
155	是	E1	A2	I10	B 区	171	是	E5	A3	I4	D 区
156	是	E2	A4	I8	B 区	172	否	E2	A4	I6	B 区
157	否	E1	A1	I2	B 区	173	是	E4	A3	I7	A 区
158	是	E3	A3	I7	B 区	174	否	E2	A5	I3	B 区
159	是	E3	A6	I6	E 区	175	是	E2	A5	I7	B 区
160	是	E1	A2	I6	D 区	176	是	E4	A4	I7	C 区
161	否	E2	A3	I8	C 区	177	是	E3	A3	I5	D 区
162	是	E4	A3	I6	C 区	178	否	E1	A2	I3	D 区
163	是	E1	A4	I6	A 区	179	是	E4	A5	I5	C 区
164	是	E2	A5	I4	A 区	180	否	E1	A2	I2	C 区
165	是	E2	A3	I7	E 区	181	否	E3	A2	I4	A 区
166	是	E4	A2	I4	C 区						

4. 二分式,支付意愿为 300 元

序号	是/否	学历	年龄	收入	始发地	序号	是/否	学历	年龄	收入	始发地
1	是	E2	A4	I7	E 区	7	否	E2	A3	I7	B 区
2	是	E1	A3	I5	D 区	8	否	E4	A4	I1	D 区
3	是	E3	A4	I4	B 区	9	否	E3	A5	I3	D 区
4	是	E1	A5	I4	C 区	10	否	E1	A1	I1	B 区
5	否	E1	A4	I10	C 区	11	否	E3	A3	I7	E 区
6	是	E2	A4	I9	C 区	12	否	E1	A2	I7	D 区

续表

序号	是/否	学历	年龄	收入	始发地	序号	是/否	学历	年龄	收入	始发地
13	否	E3	A6	I3	D 区	38	是	E2	A3	I6	D 区
14	是	E5	A2	I8	A 区	39	否	E1	A1	I1	B 区
15	是	E4	A3	I7	B 区	40	否	E1	A2	I8	E 区
16	否	E3	A3	I7	B 区	41	是	E3	A4	I6	D 区
17	否	E1	A2	I4	D 区	42	是	E3	A5	I4	A 区
18	是	E3	A5	I6	B 区	43	否	E3	A6	I3	C 区
19	是	E1	A4	I3	C 区	44	否	E2	A5	I3	C 区
20	否	E2	A4	I4	C 区	45	否	E3	A4	I3	C 区
21	是	E2	A5	I9	D 区	46	是	E1	A1	I1	C 区
22	是	E1	A1	I1	C 区	47	否	E4	A3	I7	B 区
23	否	E2	A4	I3	C 区	48	否	E2	A2	I6	A 区
24	否	E3	A2	I5	E 区	49	是	E3	A3	I8	C 区
25	是	E3	A3	I7	C 区	50	是	E3	A4	I5	B 区
26	否	E3	A4	I4	B 区	51	否	E4	A3	I5	C 区
27	是	E1	A3	I6	B 区	52	否	E2	A4	I6	A 区
28	是	E2	A4	I7	C 区	53	是	E1	A2	I8	B 区
29	是	E1	A3	I7	D 区	54	是	E5	A3	I2	B 区
30	否	E2	A5	I3	B 区	55	否	E3	A3	I2	C 区
31	是	E2	A3	I8	C 区	56	是	E3	A4	I4	B 区
32	是	E2	A6	I2	E 区	57	是	E1	A1	I1	D 区
33	否	E2	A3	I5	D 区	58	是	E2	A3	I7	B 区
34	否	E2	A5	I5	B 区	59	否	E3	A2	I7	B 区
35	否	E2	A5	I6	B 区	60	否	E3	A5	I5	D 区
36	是	E1	A2	I5	C 区	61	否	E1	A1	I1	A 区
37	否	E3	A2	I4	B 区	62	否	E4	A3	I7	B 区

续表

序号	是/否	学历	年龄	收入	始发地	序号	是/否	学历	年龄	收入	始发地
63	否	E2	A4	I7	C 区	88	是	E2	A3	I6	C 区
64	是	E2	A6	I3	A 区	89	否	E2	A4	I7	C 区
65	否	E3	A4	I4	D 区	90	是	E4	A3	I5	D 区
66	否	E4	A3	I3	C 区	91	是	E2	A6	I10	C 区
67	否	E3	A2	I7	E 区	92	否	E2	A4	I4	B 区
68	是	E1	A3	I7	D 区	93	是	E4	A3	I3	B 区
69	否	E3	A6	I3	B 区	94	是	E4	A3	I7	E 区
70	是	E1	A1	I4	A 区	95	否	E3	A4	I4	D 区
71	是	E4	A3	I7	B 区	96	否	E1	A1	I3	B 区
72	否	E1	A6	I5	A 区	97	是	E5	A3	I8	A 区
73	是	E2	A3	I6	C 区	98	否	E1	A2	I7	B 区
74	是	E1	A3	I8	B 区	99	是	E2	A2	I4	B 区
75	是	E4	A4	I6	B 区	100	是	E5	A3	I4	C 区
76	是	E3	A3	I7	A 区	101	否	E1	A1	I1	B 区
77	是	E2	A5	I5	D 区	102	是	E4	A3	I6	E 区
78	否	E1	A1	I4	B 区	103	否	E3	A2	I3	D 区
79	是	E4	A3	I5	C 区	104	否	E2	A5	I9	D 区
80	是	E3	A6	I3	C 区	105	是	E5	A3	I6	E 区
81	是	E2	A4	I7	C 区	106	是	E1	A4	I6	A 区
82	否	E1	A6	I6	B 区	107	是	E1	A6	I5	B 区
83	是	E1	A4	I4	B 区	108	是	E3	A3	I4	C 区
84	是	E2	A3	I4	A 区	109	是	E1	A3	I8	C 区
85	否	E2	A4	I7	C 区	110	否	E1	A3	I5	D 区
86	是	E3	A2	I7	B 区	111	否	E2	A6	I3	C 区
87	是	E1	A5	I9	D 区	112	是	E5	A5	I3	D 区

续表

序号	是/否	学历	年龄	收入	始发地	序号	是/否	学历	年龄	收入	始发地
113	是	E4	A5	I3	B 区	138	否	E2	A3	I7	A 区
114	是	E4	A3	I7	E 区	139	是	E2	A3	I6	C 区
115	是	E2	A2	I7	C 区	140	否	E1	A1	I4	B 区
116	是	E3	A4	I8	D 区	141	是	E1	A4	I1	E 区
117	否	E5	A3	I8	C 区	142	否	E1	A2	I7	A 区
118	否	E3	A4	I7	A 区	143	是	E3	A4	I8	B 区
119	否	E2	A4	I8	B 区	144	是	E3	A4	I3	E 区
120	是	E5	A3	I2	B 区	145	否	E1	A2	I1	A 区
121	否	E4	A3	I8	E 区	146	是	E3	A2	I4	C 区
122	是	E3	A2	I6	C 区	147	否	E3	A5	I4	D 区
123	是	E1	A1	I5	B 区	148	否	E5	A5	I3	D 区
124	否	E1	A4	I5	C 区	149	否	E3	A4	I7	C 区
125	否	E3	A2	I7	B 区	150	是	E3	A4	I10	D 区
126	是	E3	A2	I4	C 区	151	否	E2	A3	I4	D 区
127	否	E5	A5	I3	D 区	152	否	E2	A3	I7	B 区
128	否	E3	A3	I8	B 区	153	否	E4	A3	I8	B 区
129	是	E3	A4	I7	D 区	154	否	E3	A6	I6	B 区
130	是	E2	A5	I3	D 区	155	是	E3	A2	I3	C 区
131	是	E4	A3	I4	B 区	156	否	E1	A6	I2	D 区
132	是	E3	A3	I7	B 区	157	是	E3	A2	I9	D 区
133	是	E3	A6	I3	E 区	158	否	E3	A3	I8	B 区
134	否	E2	A2	I3	B 区	159	是	E1	A3	I7	B 区
135	是	E2	A5	I3	B 区	160	否	E2	A2	I7	A 区
136	是	E3	A4	I7	C 区	161	是	E2	A2	I9	D 区
137	否	E3	A2	I5	C 区	162	是	E2	A4	I8	B 区

续表

序号	是/否	学历	年龄	收入	始发地	序号	是/否	学历	年龄	收入	始发地
163	否	E2	A4	I3	B 区	169	否	E3	A6	I4	A 区
164	是	E4	A3	I5	C 区	170	是	E3	A3	I6	B 区
165	否	E2	A4	I4	D 区	171	否	E1	A1	I3	B 区
166	否	E2	A3	I10	C 区	172	否	E3	A6	I6	B 区
167	否	E1	A3	I6	B 区	173	是	E2	A4	I6	B 区
168	否	E1	A3	I2	D 区						

5. 二分式，支付意愿为 350 元

序号	是/否	学历	年龄	收入	始发地	序号	是/否	学历	年龄	收入	始发地
1	否	E2	A4	I5	D 区	16	是	E1	A2	I10	A 区
2	是	E3	A3	I7	C 区	17	否	E2	A5	I9	D 区
3	否	E3	A6	I6	D 区	18	是	E5	A5	I5	C 区
4	否	E3	A6	I3	D 区	19	是	E1	A6	I6	C 区
5	否	E3	A4	I6	A 区	20	否	E3	A6	I3	A 区
6	是	E3	A4	I3	E 区	21	是	E3	A5	I4	B 区
7	否	E3	A3	I1	E 区	22	是	E5	A3	I7	C 区
8	是	E2	A3	I7	A 区	23	否	E2	A4	I5	B 区
9	是	E2	A3	I6	B 区	24	否	E3	A4	I6	C 区
10	否	E4	A3	I2	B 区	25	否	E1	A1	I1	A 区
11	否	E3	A6	I3	B 区	26	是	E1	A1	I1	C 区
12	是	E3	A2	I3	A 区	27	否	E3	A3	I7	C 区
13	否	E4	A3	I6	B 区	28	否	E3	A2	I7	D 区
14	是	E5	A3	I8	A 区	29	否	E3	A5	I5	D 区
15	是	E3	A5	I1	E 区	30	否	E4	A4	I6	B 区

续表

序号	是/否	学历	年龄	收入	始发地	序号	是/否	学历	年龄	收入	始发地
31	是	E1	A3	I5	E 区	56	是	E2	A5	I8	A 区
32	是	E3	A3	I8	A 区	57	是	E5	A3	I6	C 区
33	是	E1	A6	I7	C 区	58	否	E3	A6	I7	C 区
34	否	E4	A3	I7	C 区	59	是	E2	A3	I5	B 区
35	是	E3	A4	I4	B 区	60	是	E2	A5	I4	D 区
36	是	E2	A5	I3	B 区	61	否	E3	A5	I6	B 区
37	否	E2	A4	I1	E 区	62	是	E1	A3	I7	D 区
38	否	E3	A2	I4	B 区	63	是	E1	A4	I10	A 区
39	否	E3	A4	I9	A 区	64	否	E1	A5	I3	D 区
40	否	E2	A3	I4	B 区	65	否	E4	A5	I3	D 区
41	否	E3	A4	I7	C 区	66	是	E3	A3	I7	C 区
42	是	E2	A4	I5	A 区	67	否	E3	A2	I10	C 区
43	否	E4	A3	I5	D 区	68	否	E2	A2	I9	A 区
44	否	E2	A3	I6	B 区	69	是	E4	A3	I7	C 区
45	是	E1	A3	I6	B 区	70	是	E2	A5	I3	D 区
46	是	E4	A3	I4	B 区	71	否	E2	A5	I7	E 区
47	否	E2	A2	I3	D 区	72	否	E1	A2	I7	E 区
48	是	E1	A2	I3	B 区	73	否	E3	A6	I7	A 区
49	是	E4	A3	I8	E 区	74	是	E2	A4	I6	D 区
50	否	E2	A2	I5	E 区	75	否	E1	A1	I6	B 区
51	是	E3	A3	I4	C 区	76	否	E1	A3	I7	A 区
52	否	E1	A2	I4	B 区	77	否	E4	A3	I5	B 区
53	是	E5	A3	I6	C 区	78	是	E3	A4	I6	A 区
54	是	E3	A6	I6	E 区	79	是	E5	A3	I4	B 区
55	否	E3	A4	I7	D 区	80	否	E1	A1	I4	C 区

续表

序号	是/否	学历	年龄	收入	始发地	序号	是/否	学历	年龄	收入	始发地
81	是	E1	A4	I7	D 区	106	否	E2	A3	I4	C 区
82	否	E3	A2	I3	B 区	107	否	E4	A5	I6	A 区
83	是	E2	A5	I4	B 区	108	否	E1	A2	I5	D 区
84	是	E3	A4	I2	E 区	109	是	E2	A3	I5	A 区
85	是	E2	A4	I7	D 区	110	是	E3	A5	I6	D 区
86	否	E2	A2	I6	C 区	111	否	E1	A1	I4	B 区
87	否	E2	A4	I5	E 区	112	是	E4	A3	I7	B 区
88	是	E2	A3	I7	B 区	113	是	E2	A5	I9	D 区
89	是	E3	A4	I4	C 区	114	否	E1	A1	I6	A 区
90	否	E4	A4	I4	B 区	115	是	E3	A4	I5	B 区
91	是	E3	A4	I8	C 区	116	是	E2	A6	I3	C 区
92	是	E3	A4	I7	B 区	117	否	E1	A6	I6	D 区
93	是	E3	A4	I7	B 区	118	否	E1	A1	I1	C 区
94	是	E1	A3	I5	C 区	119	否	E4	A5	I7	E 区
95	是	E3	A5	I8	D 区	120	否	E4	A3	I7	C 区
96	是	E4	A4	I7	C 区	121	否	E3	A6	I5	D 区
97	否	E2	A2	I1	B 区	122	是	E2	A5	I4	D 区
98	是	E1	A2	I9	D 区	123	是	E5	A3	I2	B 区
99	是	E5	A4	I6	D 区	124	否	E2	A2	I7	A 区
100	否	E1	A1	I2	E 区	125	否	E2	A3	I7	C 区
101	否	E4	A3	I5	D 区	126	否	E1	A2	I6	D 区
102	否	E4	A3	I7	C 区	127	否	E1	A1	I4	E 区
103	否	E2	A3	I3	B 区	128	否	E3	A4	I5	B 区
104	否	E3	A3	I8	B 区	129	否	E3	A6	I3	C 区
105	是	E4	A4	I4	E 区	130	否	E5	A2	I6	B 区

续表

序号	是/否	学历	年龄	收入	始发地	序号	是/否	学历	年龄	收入	始发地
131	否	E1	A1	I5	E 区	156	是	E2	A3	I5	A 区
132	否	E1	A3	I7	A 区	157	否	E1	A3	I4	B 区
133	是	E2	A4	I5	D 区	158	是	E1	A3	I7	C 区
134	否	E3	A4	I9	A 区	159	否	E3	A3	I5	A 区
135	否	E1	A1	I1	B 区	160	是	E1	A3	I5	C 区
136	是	E2	A4	I7	B 区	161	是	E5	A3	I6	C 区
137	否	E1	A3	I4	D 区	162	是	E1	A4	I2	B 区
138	否	E2	A4	I4	A 区	163	是	E4	A4	I1	E 区
139	是	E3	A4	I3	C 区	164	否	E1	A3	I3	A 区
140	否	E3	A4	I1	E 区	165	否	E3	A3	I4	C 区
141	否	E1	A6	I6	E 区	166	是	E4	A5	I6	B 区
142	是	E1	A2	I3	C 区	167	是	E4	A3	I7	A 区
143	否	E2	A5	I6	E 区	168	否	E2	A3	I7	B 区
144	是	E3	A3	I4	B 区	169	是	E2	A5	I3	D 区
145	是	E2	A3	I8	C 区	170	否	E1	A5	I2	B 区
146	否	E1	A2	I7	B 区	171	否	E3	A6	I2	C 区
147	否	E1	A4	I5	A 区	172	否	E2	A4	I4	A 区
148	是	E2	A4	I3	D 区	173	是	E2	A4	I5	A 区
149	否	E1	A1	I6	C 区	174	否	E1	A1	I1	E 区
150	否	E2	A3	I5	C 区	175	否	E3	A2	I7	C 区
151	否	E1	A2	I7	D 区	176	是	E2	A4	I4	C 区
152	是	E2	A4	I4	D 区	177	否	E1	A1	I1	C 区
153	是	E2	A4	I5	D 区	178	是	E5	A3	I8	B 区
154	是	E4	A4	I7	A 区	179	否	E4	A3	I8	C 区
155	否	E3	A4	I4	D 区						

6. 二分式,支付意愿为 500 元

序号	是/否	学历	年龄	收入	始发地	序号	是/否	学历	年龄	收入	始发地
1	是	E1	A5	I6	C 区	26	否	E2	A2	I3	D 区
2	否	E1	A4	I6	E 区	27	是	E2	A5	I5	A 区
3	是	E2	A4	I10	C 区	28	是	E3	A3	I5	E 区
4	是	E3	A4	I3	C 区	29	否	E3	A2	I4	A 区
5	否	E4	A5	I4	B 区	30	否	E1	A2	I4	D 区
6	是	E4	A3	I7	C 区	31	否	E2	A5	I7	C 区
7	否	E3	A6	I6	E 区	32	否	E4	A4	I7	E 区
8	否	E1	A1	I3	D 区	33	否	E3	A2	I4	B 区
9	否	E3	A5	I7	B 区	34	是	E3	A2	I6	D 区
10	是	E4	A3	I6	E 区	35	否	E1	A1	I1	D 区
11	是	E4	A3	I7	D 区	36	否	E3	A5	I7	B 区
12	否	E3	A5	I5	A 区	37	是	E4	A3	I7	D 区
13	是	E4	A4	I7	B 区	38	否	E2	A4	I6	A 区
14	否	E4	A4	I7	C 区	39	否	E2	A3	I9	C 区
15	否	E2	A4	I4	A 区	40	否	E2	A3	I3	B 区
16	否	E3	A2	I9	A 区	41	否	E3	A2	I7	B 区
17	否	E3	A3	I7	B 区	42	是	E4	A3	I7	D 区
18	否	E1	A2	I1	C 区	43	否	E5	A2	I9	A 区
19	是	E2	A3	I7	C 区	44	否	E2	A4	I7	B 区
20	否	E1	A5	I7	A 区	45	否	E4	A3	I7	D 区
21	是	E3	A3	I7	B 区	46	否	E4	A3	I4	A 区
22	是	E2	A5	I5	A 区	47	是	E3	A5	I3	D 区
23	是	E5	A5	I4	B 区	48	否	E1	A1	I4	B 区
24	是	E4	A4	I6	C 区	49	是	E2	A4	I7	E 区
25	是	E2	A3	I4	D 区	50	否	E1	A3	I5	D 区

续表

序号	是/否	学历	年龄	收入	始发地	序号	是/否	学历	年龄	收入	始发地
51	是	E3	A4	I4	B 区	76	否	E4	A3	I5	C 区
52	是	E5	A3	I4	E 区	77	是	E3	A5	I10	A 区
53	是	E3	A2	I4	E 区	78	否	E1	A1	I6	B 区
54	是	E2	A3	I5	C 区	79	是	E2	A3	I3	A 区
55	是	E3	A4	I6	B 区	80	是	E4	A3	I5	D 区
56	否	E1	A3	I8	C 区	81	否	E2	A2	I7	C 区
57	是	E3	A3	I7	B 区	82	是	E2	A5	I4	B 区
58	否	E3	A4	I5	E 区	83	否	E2	A5	I4	B 区
59	否	E3	A4	I7	E 区	84	是	E4	A2	I5	C 区
60	否	E3	A3	I5	B 区	85	否	E2	A4	I4	E 区
61	否	E2	A6	I3	D 区	86	是	E3	A3	I6	D 区
62	否	E1	A2	I3	B 区	87	否	E1	A1	I1	C 区
63	是	E4	A3	I7	C 区	88	否	E1	A2	I5	A 区
64	否	E4	A6	I3	B 区	89	否	E3	A4	I6	A 区
65	否	E1	A2	I4	A 区	90	是	E3	A5	I5	A 区
66	是	E5	A5	I6	B 区	91	否	E1	A3	I7	B 区
67	否	E4	A4	I3	E 区	92	是	E3	A4	I7	A 区
68	否	E2	A4	I4	B 区	93	是	E1	A4	I10	C 区
69	是	E2	A5	I9	D 区	94	是	E2	A5	I9	A 区
70	是	E1	A5	I7	C 区	95	是	E3	A2	I5	A 区
71	否	E1	A1	I2	A 区	96	否	E1	A1	I3	B 区
72	否	E2	A4	I4	B 区	97	是	E3	A4	I4	C 区
73	否	E3	A4	I4	A 区	98	是	E2	A6	I4	B 区
74	否	E2	A4	I9	C 区	99	否	E3	A2	I4	D 区
75	是	E3	A2	I8	E 区	100	否	E2	A3	I7	A 区

续表

序号	是/否	学历	年龄	收入	始发地	序号	是/否	学历	年龄	收入	始发地
101	是	E1	A2	I8	C 区	126	否	E1	A5	I6	C 区
102	是	E4	A3	I2	B 区	127	否	E3	A4	I5	C 区
103	否	E2	A3	I1	B 区	128	是	E3	A5	I4	C 区
104	是	E2	A4	I4	B 区	129	是	E2	A5	I5	B 区
105	是	E2	A3	I4	D 区	130	否	E1	A1	I1	B 区
106	否	E2	A3	I2	B 区	131	否	E3	A4	I7	B 区
107	否	E1	A4	I7	C 区	132	是	E3	A5	I4	D 区
108	否	E3	A4	I4	D 区	133	是	E2	A4	I3	C 区
109	否	E1	A1	I1	B 区	134	否	E2	A4	I3	C 区
110	是	E4	A3	I6	C 区	135	否	E3	A2	I9	A 区
111	否	E2	A2	I7	B 区	136	否	E5	A4	I5	D 区
112	否	E3	A2	I4	D 区	137	是	E4	A3	I6	C 区
113	是	E3	A4	I3	B 区	138	否	E2	A6	I6	A 区
114	是	E3	A3	I7	A 区	139	否	E4	A3	I4	A 区
115	否	E3	A2	I7	D 区	140	是	E2	A3	I9	C 区
116	是	E3	A2	I6	D 区	141	是	E1	A3	I7	E 区
117	否	E3	A4	I4	B 区	142	否	E1	A3	I5	B 区
118	是	E2	A3	I3	B 区	143	是	E2	A2	I9	C 区
119	否	E2	A4	I7	B 区	144	是	E3	A5	I2	C 区
120	否	E1	A3	I7	A 区	145	是	E2	A4	I5	E 区
121	否	E1	A2	I6	A 区	146	否	E3	A6	I3	B 区
122	是	E3	A4	I7	C 区	147	否	E1	A5	I3	A 区
123	否	E4	A4	I6	B 区	148	是	E1	A5	I3	B 区
124	否	E3	A4	I3	B 区	149	否	E4	A3	I2	B 区
125	否	E1	A2	I6	B 区	150	是	E3	A3	I7	D 区

续表

序号	是/否	学历	年龄	收入	始发地	序号	是/否	学历	年龄	收入	始发地
151	否	E5	A3	I5	B 区	159	否	E3	A2	I10	C 区
152	否	E2	A4	I7	D 区	160	否	E1	A2	I6	A 区
153	是	E4	A3	I6	D 区	161	是	E3	A3	I8	C 区
154	否	E3	A2	I7	C 区	162	否	E3	A4	I5	B 区
155	否	E3	A6	I3	C 区	163	否	E3	A2	I3	B 区
156	否	E2	A4	I4	C 区	164	否	E2	A3	I7	A 区
157	否	E3	A5	I2	C 区	165	否	E1	A1	I4	C 区
158	是	E4	A3	I2	C 区						

附录 F　应用工具

1) Matlab 计算分析工具

用于本文的：

- 数值分析与计算
- 曲线绘制和拟合

2) SPSS 统计分析工具

用于本文的：

- 数据统计分析
- 多元线性回归分析，以及参数检验
- Logit 回归分析，以及参数检验

3) Visio 图形绘制工具

用于本文的：

- 图形绘制

4) Excel 表格绘制工具

用于本文的：

- 表格绘制

5) Word 编辑工具

用于本文的：

- 文本编辑与编排

附录 G　图表目录

附录 G.1　图目录

附录 G. 2　表目录

后　记

本研究是浙江省科技计划重点软科学项目,是陈志奎同学的博士论文。陈志奎同学历经努力,完成了这份沉重的博士论文。这论文无论是从选题、构思,还是起草、修改、润色直至整篇论文的完成,都倾注了岑况教授的大量心血,尤其是在岑老师的帮助下,使学生树立了完成学业的信心和决心。岑老师严谨的教风、精湛的学识,既教书又育人的精神,使学生敬佩,终身受益。

本书的完成是《舟山海岛旅游资源可持续利用》浙江省科技重点项目和陈志奎论文的结合,倾注了陈志奎和课题组各位成员的心血。在完成项目和文论过程中,还得到了浙江海洋学院、舟山市旅游局、舟山市统计局、舟山市环境监测站、舟山普陀山管理局等领导和同志们的支持和帮助,在此一并对他们表示衷心的感谢!

本书获浙江海洋学院出版基金的资助。

作　者

2011 年 8 月 16 日